"十四五"职业教育部委级规划教材

电子商务入门与开店实践

DIANZI SHANGWU RUMEN YU KAIDIAN SHIJIAN

李晓丽　主编
张若曦　张亚利　黄中正　副主编

中国纺织出版社有限公司

内 容 提 要

电子商务不仅是一个概念，也是一种思维方式、一种价值突破。本书遵循读者认知进程，以"基于工作过程"的课程改革思想为指导，按照理实结合、能力本位、校企合作的要求构建职业教育教材体系。内容划分为五大模块，让读者通过案例认识电商，对比不同电子商务平台的优势和劣势，并以淘宝网为例开设店铺，完成货源选品、上架优化、店铺装修等一系列流程。既可作为职业院校电子商务相关专业电商入门、网店开设等课程与实训的教材，也可为非专业人士电商入门、开设网店自学使用。

图书在版编目（CIP）数据

电子商务入门与开店实践 / 李晓丽主编 ；张若曦，张亚利，黄中正副主编 . -- 北京 ：中国纺织出版社有限公司，2024.3
"十四五"职业教育部委级规划教材
ISBN 978-7-5180-8761-7

Ⅰ . ①电… Ⅱ . ①李… ②张… ③张… ④黄… Ⅲ . ①电子商务－职业教育－教材 Ⅳ . ① F713.36

中国国家版本馆 CIP 数据核字（2023）第 155655 号

责任编辑：华长印 朱昭霖 责任校对：江思飞
责任印制：王艳丽

中国纺织出版社有限公司出版发行
地址：北京市朝阳区百子湾东里 A407 号楼 邮政编码：100124
销售电话：010—67004422 传真：010—87155801
http://www.c-textilep.com
中国纺织出版社天猫旗舰店
官方微博 http://weibo.com/2119887771
北京通天印刷有限责任公司印刷 各地新华书店经销
2024 年 3 月第 1 版第 1 次印刷
开本：787×1092 1/16 印张：13
字数：185 千字 定价：79.80 元

前　言

　　党的二十大报告指出，实践没有止境，理论创新也没有止境。在当今数字化时代，电子商务已经成为商业发展的重要引擎。然而，对于初学者而言，电商领域的门槛可能相对较高。因此，我们精心打造了本教材，旨在为初学者提供一个清晰的学习路径，助其快速掌握电商基础知识，并在实践中不断成长。本教材涵盖了从电商基础知识到淘宝开店实践的全方位内容，旨在为读者提供全面的指导，让读者能在电商的世界中游刃有余。

　　本教材基于工作过程和认知能力构建知识体系教学内容，达到学习和工作目标相统一，知识拓展和能力发展相适应；深化校企合作，践行产教融合；引入真实企业项目，使人才培养紧跟行业、企业、岗位要求；全面贯彻落实"三位一体"人才培养模式，通过教学内容融"知识、能力、素质"为一体，通过实训融学生"通识能力、专业基础能力、专业发展能力"为一体。本教材还包含丰富的实例，并配备融媒体资源，方便教师授课使用。

　　本书分为五个模块，带领读者深入了解电子商务的核心概念、演进历程，以及不断变化的商业模式，帮助读者全面把握电商行业的本质和未来发展趋势。同时，详细介绍在淘宝平台开店从准备工作到店铺装修、商品上架以及推广的全过程，帮助读者快速掌握开店的关键步骤和技巧。

　　衷心感谢所有为本教材提供支持和帮助的人士和机构，感谢电子商务领域的专家学者，他们的研究成果为本教材提供了丰富的理论支撑。同时感谢各位淘宝店主和电商从业者，他们的实践经验为本教材增添了丰富的实践内容和案例分析。

尽管我们在编写过程中努力确保内容准确完整，但电商领域发展迅速，技术和政策也在不断更新。因此，难免会存在部分内容更新不及时或有所遗漏的情况。我们欢迎读者提出宝贵意见和建议，帮助我们不断改进和完善本教材，以更好地服务广大读者。愿每一位读者在学习本书过程中都能有所收获！

编者

2024年1月

CONTENTS

目 录

01

模块一

初识电商

小兰是一名大一的学生，她称自己为网购达人，在校期间大大小小的生活用品都是从网络平台上下单购买的，就连偶尔想改善一下饮食，也会从网络平台下单。她最常用的几个平台是淘宝、京东和美团。淘宝可以让她购买到任何她想买的，尤其是她最喜欢逛的几家小众女装店；以速度快著称的京东方便她购买一些急用品，数码类的产品小兰也喜欢在京东上购买，她觉得比较有保障；美团成为丰富小兰课余生活的常用平台，无论是美食、电影、打车还是旅行，都已经离不开它。

请思考：小兰经常使用的淘宝、京东和美团平台分别属于哪种电子商务模式？

教学目标

知识目标

1. 了解传统商务和电子商务的区别。

2. 掌握电子商务的特点。

3. 了解电子商务的起源与发展。

4. 掌握电子商务的分类。

5. 熟悉电子商务经营者的基本义务。

6. 掌握电子商务纠纷维权的注意事项。

7. 熟悉电子商务的相关技术。

技能目标

1. 能够判断行为或场景是否为电子商务。

2. 能够对不同平台进行模式划分。

3. 能够判断电子商务行为是否合法。

4. 能够在电子商务活动中维护自己的合法权益。

5. 能够熟练描述电子商务相关技术关键点。

素质目标

1. 能够树立创新创业意识。

笔记处

2.能够和团队成员协作，完成本职工作。

3.能够借助互联网搜集整理信息。

4.能够很好地表达自己的观点、善于总结。

💬 思政目标

1.具备诚信经营理念，诚实做人、真诚做事。

2.具备法律意识，遵纪守法，能利用法律维护自身合法权益。

3.具备实事求是的价值观和求真务实的工作态度。

💬 知识导览

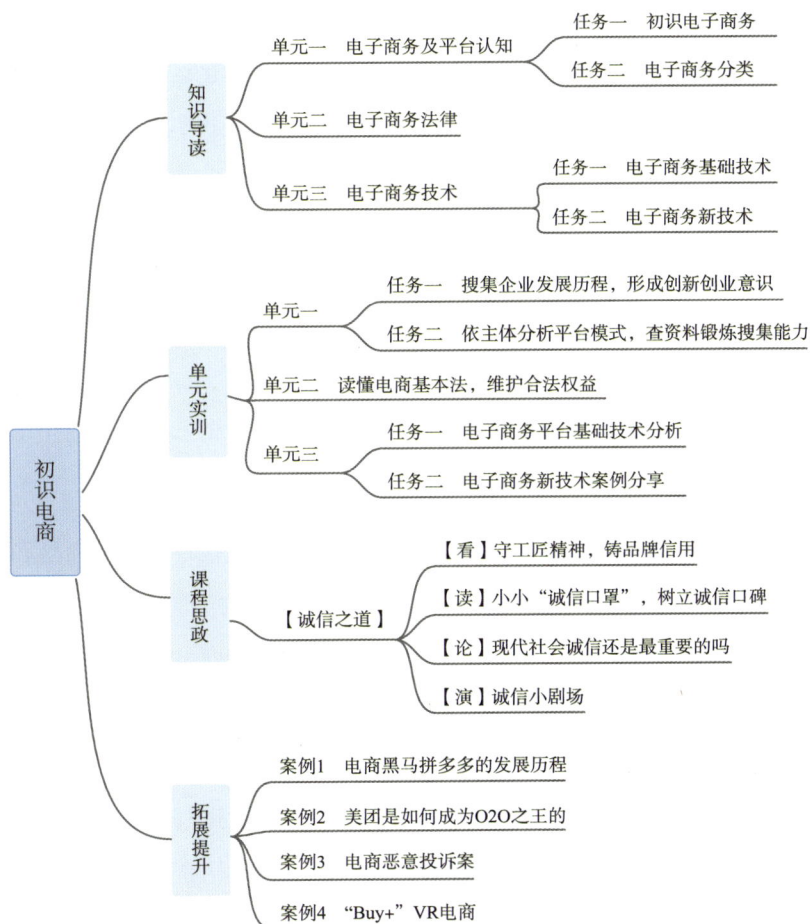

笔记处

单元一 电子商务及平台认知

任务一 初识电子商务

一、传统商务和电子商务

商务活动由来已久，从原始社会的以物易物，到货币统一后全国范围内的购物行为，商务贯穿生活的各个方面。随着我国市场经济的不断完善，企业、政府、个人与市场之间的联系越来越紧密，企业的市场化运作水平越来越高，政府采购开始采用市场化运作，个人消费日趋多样化。商务活动已经渗透到社会经济生活的各个领域。

商务可以理解为以营利为目的的市场经济主体实现商品交换而开展的一系列经营管理活动。对商务含义的具体解释如下：

（1）商务主体具有多元性，即包括一切以营利为目的的市场经济主体。商务主体涉及企业、政府部门（包括事业单位）、家庭和个人等。

（2）商务的实质是商品交换，即通过买卖的方式实现商品的所有权转移的行为。

（3）商务的对象或客体是所有的经济资源，包括各种有形商品和无形商品。

（4）商务活动包括采购、生产、销售、商贸磋商、价格比较、经营决策、营销策略、推销促销、公关宣传、售前与售后服务、客户关系及咨询服务等。

电子商务（简称"电商"）指利用互联网及现代通信技术进行的任何形式的商务运作、管理活动和信息交换。它包括企业内部的协调和沟通、企业之间的合作及网上交易三方面的内容。狭义的电子商务指人们在互联网上开展的交易或与交易有关的活动。广义的电子商务指人们利用信息技术使整个商务活动实现电子化的所有相关活动，包括利用互联网、企业商务活动中面向外部的业务流程，如网络营销、电子支付、物流配送等，还包括面向企业内部的业务流程。

笔记处

电子商务与传统商务都需要赢得消费者的信赖，无论哪种形式的商务活动都需要以顾客为中心，只有拥有更多的消费者，才能在最大程度上抢占市场。因此，电子商务与传统商务都不断提高商品以及服务的质量，才能获得更多消费者的青睐。广义和狭义电子商务的业务区别如图1-1所示。

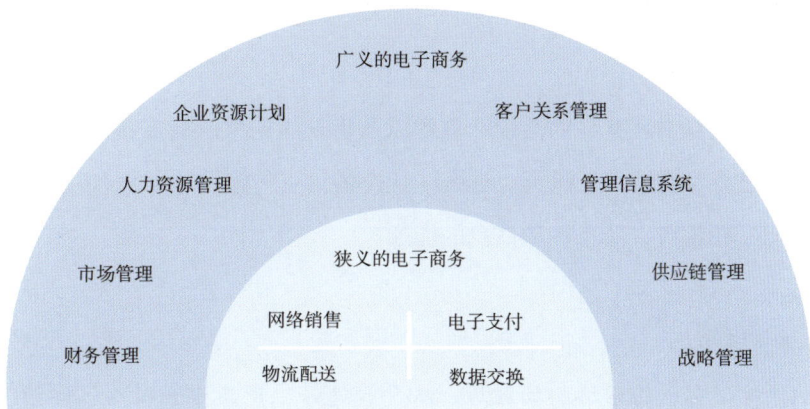

图1-1　广义和狭义电子商务的业务区别

想一想

下列行为是不是电子商务？说明你的理由。

（1）小明的父亲因重病在水滴筹上发布筹款，获得了好心人士10万元的善款。

（2）小华的妈妈去菜市场买了1斤排骨，用微信付款。

（3）小雨的爸爸在某平台上购买理财产品，每个月都能获得不定额的收益。

二、电子商务的特点

电子商务区别于传统实体交易，其依赖互联网，具有虚拟性的特点，不局限于任何地域，全世界范围内均可以进行交易，没有实体租金等费用，成本降低，用户自主选购，交易效率大大提高。

1.交易虚拟化

在交易形式上，通过将有形市场交易过程的电子化、网络化及市场形态的虚拟化、多元化，使买卖双方有更大的时空选择。

笔记处

2.交易成本低

电子商务实行"无纸贸易"，买卖双方通过网络进行商务活动，无须中介参与，减少了交易的环节。

3.交易效率高

电子商务利用网络信息传递、计算机自动化处理克服了传统贸易方式费用高、易出错、处理速度慢等缺点，极大地缩短了交易时间，提高了交易的效率。

4.交易透明化

买卖双方从交易的洽谈、签约以及货款的支付、交货通知等整个交易过程都在网络上进行。通畅、快捷的信息传输可以保证各种信息之间互相核对，防止伪造信息的流通。

讲一讲

结合自己的网络购物经历，从平台选择、产品搜索对比、咨询、下单购买、物流签收等方面讲述电子商务的特点。

三、电子商务的起源和发展

（一）电子商务的起源

20世纪60年代后，计算机和网络技术飞速发展，从而构建了电子商务赖以生存的基础，预示了未来商务活动的发展方向。电子商务源于计算机的电子数据处理（EDP）技术，从科学计算向文字处理和商务统计报表处理应用的转变。计算机网络就是借助专门的设备，利用通信线路，将不同地理位置的计算机互联成为一个功能完善、规模宏大的系统，从而实现远距离信息传递、资源共享、数据交换的目的。计算机网络的数据通信、资源共享、集中管理、分布式处理的功能为电子商务的发展提供了很好的技术支持。

1839年电报刚出现的时候，人们就开始了对运用电子手段进行商务活动的讨论。当贸易开始以摩尔斯码的形式传输的时候，就标志着运用电子手段进行商务活动的新纪元。1991年美国政府宣布因特网向社会公众开放，允许在网上开发商业应用系统。1993年万维网在因特网上出现，这是一种具有处理数据图文声像超文本对象能力的网络技术，使因特网具备了支持多媒体应用的功能。电子商务的概念最

笔记处

早于1994年10月出现在美国。1995年因特网上的商业业务信息量首次超过了科教业务信息量，这既是因特网此后产生炸性发展的标志，也是电子商务开始大规模发展的标志。

电子商务伴随信息技术和社会经济的发展产生，一方面，计算机的广泛应用和网络的普及和成熟为电子商务的发展奠定了基础；另一方面，随着社会经济的发展，人们的需求越来越多样化，急需一种新的商务模式出现来提高企业的竞争力，因而电子商务是人类社会发展的必然产物。

查一查

我国电子商务是哪一年开始发展的？最早的电子商务平台是哪个？现在发展得如何？

（二）电子商务的发展

电子商务的发展根据其使用的网络不同，可分为四个阶段：基于电子数据交换的电子商务，基于互联网的电子商务，基于3G、4G、5G的移动电子商务（移动电商），基于新兴技术的智慧电子商务。

1.基于电子数据交换的电子商务

早在20世纪60年代，人们就开始利用电报报文发送商务文件。20世纪70年代，人们又普遍采用更方便、快捷的传真来替代电报。由于传真是将信息经各类信道传送至目的地，在接收端获得与发送原稿相似记录副本的通信方式，它还不能将信息直接转入信息系统，所以利用电报、传真等技术进行的商务活动还不是严格意义上的电子商务。后来人们开发了电子数据交换（Electronic Data Interchange，EDI）技术，在互联网普之前，它是最主要的电子商务应用技术。

2.基于互联网的电子商务

20世纪90年代中期，互联网迅速从大学、科研机构走向企业和家庭。1991年，一直被排斥在互联网之外的商业贸易活动正式进入互联网的世界，电子商务成为互联网应用的最大热点。电子商务源于1995年，它的先驱是一些互联网零售公司，如亚马逊（Amazon）。2010年之后，像沃尔玛（Walmart）这样的传统跨国零售商也建立了自己的网上商店。

笔记处

2014年之后，电子商务出现了许多新的发展趋势，与政府的管理和采购行为相结合的电子政务服务、与个人手机通信相结合的移动电商等均得到了很好的发展，跨境电商也成了电子商务发展的一个新的突破口。

3. 基于3G、4G、5G的移动电商

随着移动通信技术的发展，手机上网已经成为一种重要的上网方式。在3G和4G时代，智能手机、平板电脑的普及使移动电商的发展极为迅速，改变了很多基于互联网的电子商务"规则"。2018年，我国三大电信运营商开始建设5G网络，2019年投入商用。在5G时代，电子商务可能会有更深层次的变化。

4. 基于新兴技术的智慧电子商务

2015年，政府工作报告中提出了制订"互联网+"行动计划，电子商务是"互联网+"行动计划的一项重要内容，也是核心内容之一。"互联网+"不仅是技术变革，还是一场思维变革。站在"互联网"的风口上，O2O新零售、互联网金融、智能制造、智慧城市等细分领域的创新应用和实践遍地开花。移动互联网、云计算、大数据、物联网、人工智能、区块链等新兴技术与现代制造业结合，促进了电子商务、工业互联网和互联网金融的快速发展。

2016年，阿里巴巴董事长马云提出了"五新"，即新零售、新制造、新金融、新技术、新能源。"五新"的提出，将电子商务企业从纯电商领域扩展至跨越行业界限的技术平台，推动电子商务进入智慧电商阶段。构建虚拟商业与实体商业空间融合的智慧商圈，创建高融合度的一流消费环境，是电子商务发展的趋势。互联网与传统产业的融合发展不仅推动了经济稳步增长，促进了产业结构创新升级，还加快了国家综合竞争新优势的形成，为我国在新一轮全球竞争中脱颖而出创造了机会。

查一查

我国的电子商务发展历程大致可以分为起步期、雏形期、发展期、稳定期、成熟期和未来发展阶段，每个阶段的大致时间段和代表性时间点有哪些？查阅资料并与小组成员分享。

笔记处

拓展阅读

任务实训

实训内容及要求

本次实训有六个平台供学生选择，学生以小组为单位，每个小组选择不同的平台，也可以自选平台或者选择本地的行业翘楚进行分析。

实训任务要求：利用互联网搜索工具，查询小组所选电子商务平台的发展历程，完成表1-1，制作企业发展历程PPT进行展示。

表1-1 "XX企业"发展历程及关键节点

时间	重大事件	我想说的话
	创建	

项目资料

（1）携程旅行网（简称"携程网"）由携程计算机技术（上海）有限公司于1999年创建，作为在线旅行服务平台，携程网为注册会员提供酒店预订、机票预订、度假预订、商旅管理、特惠商户及旅游资讯等旅行服务。携程网秉持"以客户为中心"的原则，以团队间紧密团结的合作机制、一丝不苟的敬业精神、真实诚信的合作理念，构建"多赢"伙伴式合作体系，从而共同创造最大价值。

（2）抖音是由字节跳动开发的一款音乐创意短视频社交软件。该软件于2016年9月20日上线，是一个面向所有人的短视频社区平台，用户可以通过这款软件拍摄属于自己的短视频作品。

（3）亚马逊公司（Amazon）是美国最大的一家网络电子商务公司，是最早经营电子商务的公司之一，亚马逊成立于1994年，起初

笔记处

只经营网络的书籍销售业务，现在已成为全球商品品种最多的网上零售商和全球第二大互联网企业。

（4）得物是上海识装信息科技有限公司旗下新一代潮流网购社区，正品潮流电商和潮流生活社区是平台的两大核心服务。得物平台商品品类覆盖潮鞋、潮服、潮搭、家居家电、美妆、汽车等。作为新一代潮流网购社区，得物App聚集了新、潮、酷、炫的各类商品，也是各类潮流品牌发售和运营的首选阵地。

（5）阿里巴巴，最初叫1688网，以批发和采购业务为核心，马云于1999年创办了1688网。通过专业化运营，完善客户体验，全面优化企业电子商务的业务模式，阿里巴巴已覆盖原材料、工业品、服装服饰、家居百货、小商品等16个行业大类。

（6）滴滴出行是涵盖出租车、专车、快车、顺风车、代驾及大巴、货运等多项业务在内的一站式出行平台，滴滴出行2021年总营收为1738.3亿元，2015年9月9日由"滴滴打车"更名而来。

任务评价

请完成任务后填写表1-2。

表1-2 初识电子商务任务评价表

组别	成员	技能要求	掌握情况								
			自评			组评			师评		
			熟练	基本	没有	熟练	基本	没有	熟练	基本	没有
		资料查找									
		数据分析									
		汇报展示									

笔记处

任务二 电子商务分类

电子商务可以根据不同要素进行分类，一般情况下按交易主体、交易对象、交易地域、交易完整程度进行划分。

一、按照交易主体进行划分

（一）B2B

B2B（Business to Business）是企业与企业之间的一种电子商务模式，指企业与企业之间通过互联网进行的商务活动，交易主体均为企业，常见的综合类B2B电子商务平台有阿里巴巴、慧聪网、敦煌网等，垂直类的B2B电子商务平台有中国化工网、中国制造网等。

（二）B2C

B2C（Business to Customer）是企业与个人消费者之间的一种电子商务模式，指企业与个人消费者之间进行的商品或服务的交易，即网络零售，比较熟知的如天猫、淘宝企业店、京东、唯品会、苏宁易购、当当网等。

（三）C2C

C2C（Consumer to Consumer）是个人消费者与个人消费者之间的一种电子商务模式，指个人消费者之间通过网络商务平台实现交易的一种商务活动，淘宝个人店铺以及微商，二手交易平台闲鱼、转转，可以称为C2C模式的代表。由于消费者认知的提升和对产品品牌要求的提高，近几年C2C的市场份额较B2C逐年下降。

（四）C2B

C2B（Customer to Business）是消费者与企业之间的电子商务，指先由消费者提出需求，然后由生产或商贸企业按需求组织、生产货源的一种商务活动。C2B是一种新兴的商业模式，本质上是客户驱动商业，是一种以用户为主导的口碑品牌，而不是以商家为主导的广告品牌。家具定制类如尚品宅配、欧派等品牌是C2B的代表。

（五）B2G

B2G（Business to Government）是企业与政府之间的一种电子商务模式。政府既是电子商务的参与者（作为消费者），又是电子商务的宏观管理者。在B2G交易中，政府一方面作为消费者，通过互联网发布自己的采购清单，公开、透明、高效地完成所需物品的采购；另一方面，政府对企业宏观调控、监督管理的职能通过电子商务的方式能更充分地发挥出来，典型的代表是中国政府采购网。

（六）C2G

C2G（Consumer to Government）是消费者与政府之间的一种电子商务模式，指政府为了提高办事效率，将部分可以放在网络上的业务进行网络在线办理，如网上个人报税、网上支付社会福利和缴纳保险费用等，如个人所得税App、郑好办等。

（七）O2O

O2O（Online to Offline）是线上线下共同交易的一种电子商务模式。O2O将线下商务的机会与互联网结合在一起，让互联网成为线下交易的"前台"，实现了线上购买、线下服务，如美团、58同城、滴滴出行、安居客、土巴兔装修、每日优鲜等。

做一做

浏览下列平台的官方网站，并按照交易主体分别对其进行划分。

聚美优品　eBay　网易考拉　1号店　索菲亚家具定制　鲜花礼品网

二、按照交易对象进行划分

（一）有形商品电子商务

有形商品指占有三维空间的实体类商品，这类商品在交易过程中所包含的信息流和资金流可以完全实现网上传输。

（二）无形商品电子商务

无形商品指包括软件、电影、音乐、电子读物、信息服务等可以数字化的商品，可以通过网络将商品直接送到购买者手中。

讲一讲

在日常生活中我们经常会购买无形商品，如开通视频会员、购买付费软件、电子书等，无形商品电子商务和有形商品电子商务相比，少了物流运输环节，能够更快实现资金的回流。结合自己的购物经历，你认为无形商品电子商务有哪些优点和缺点？

笔记处

三、按照交易地域划分

（一）本地电子商务

本地电子商务指在本地区范围内开展的电子商务，具有涉及的区域范围小、货物配送速度快、成本低等特点。

（二）国内电子商务

国内电子商务指在本国范围内进行的网上电子交易活动，其交易的地域范围比本地电子商务更大，参与商务活动的各方可能分布在国内不同的省、市或地区，对软件、硬件和技术的要求更高。

（三）全球电子商务

全球电子商务指在全世界范围内进行的电子商务，是范围最广泛的电子商务活动。

四、按照交易完整程度划分

（一）完全电子商务

完全电子商务指交易过程中的信息流、资金流、商流和物流都能够在网上完成，商品或服务的整个商务过程都可以在网络上实现的电子商务。该方式适用于数字化的无线产品或服务，如计算机软件、电子书籍、远程教育和网上订票等。

（二）不完全电子商务

不完全电子商务指先基于网络，解决好信息流的问题，使交易双方在互联网上结识洽谈，然后通过传统渠道，实现资金流和物流的商务方式。

任务实训

实训内容及要求

在任务一的基础上，根据企业主营业务、参与主体等，分析小组所选电子商务平台的经营模式，完成表1-3，并对类似模式的平台和不同经营模式的平台进行对比分析。

笔记处

表1-3 "XX企业"经营模式分析及对比

平台模式	平台名称	官方网站	划分依据
B2B			
B2C			
C2C			
O2O			
C2B			
C2G			
B2G			

拓展阅读

C2M：全新的产品互联网模式

2012年，《哈佛商业评论》上刊登了一篇题为《C2B：互联网时代的新商业模式》的文章（作者：曾鸣，阿里巴巴的前参谋总长；宋斐，阿里巴巴资深专家），文中明确地指出，伴随互联网的发展，商业社会的中心必将从以厂商为中心转变为以消费者为中心。在生产端，这种变化主要体现在"小品种、大批量"的大规模生产模式将被"多品种、小批量"的生产模式所取代。而互联网将以信息传递、统筹调配的方式将整个生产与销售过程有效地协调起来。这篇文章中，作者虽然并没有用C2M（Customer to Manufacturer）这个名词，但表达的意思已经涵盖了C2M的理念。

2013年前后，曾任百度高管、乐淘网创始人毕胜正式提出了C2M模式。此后，必要商城2014年率先在国内践行C2M模式，紧接着，优必上、e企嗨购、有练等一批小型C2M平台陆续出现。

C2M即"从消费者到生产者"，它是一种由订单驱动的大规模个性化定制模式，也称反向定制模式，即从以往传统的先产后销变为先销后产。与常见的销售模式不同，C2M

笔记处

跳过了品牌商、代理商、最终销售终端等渠道和中间环节，大大节省了中间成本，实现了制造商和消费者之间的"双赢"：前者可以获得更高的利润，产品在市场上更有竞争力；后者可以买到同等质量且价格更低的产品。目前使用C2M模式的公司主要通过电商平台和公司内部个性化定制平台来实现消费者与制造商的直接对接。

虽然从单个企业的角度看，C2M平台是较为成功的，但是在相当长的一段时间内，C2M平台的规模一直较小。直至2018年几个互联网"巨头"的直接介入，C2M平台状况才发生了改变。具体事件见表1-4。

表1-4　C2M部分平台发展历程

企业	大事件
阿里巴巴	2018年11月，淘宝升级了天天特卖，天天工厂项目也随之启动
	2019年3月，阿里巴巴重启了聚划算，并将其与天天特卖整合，构建了C2M的整体布局
	2019年10月，阿里系下沉先锋聚划算上线"厂销通"系统，让C2M工厂拥有一套数字管控系统
	2019年12月，阿里巴巴在淘宝事业群下专门成立了C2M事业群，正式将C2M上升到公司战略的层面
	2020年3月26日，阿里巴巴淘宝正式发布C2M战略：推出了淘宝特价版App，同时公布了"超级工厂计划"和"百亿产区计划"
京东	2019年4月20日，京东旗下的"京喜"高调宣布将面向下沉市场、采取C2M模式推出产业带厂直优品计划
	2019年，京东于618前夕宣布了C2M反向制工作的五步法。之后，京东又宣布将直播间定向投入亿级资源，进驻厂家直播，这是电商直播与C2M的有效结合
	2019年8月，京东开始在旗下的"京东京"启动C2M个性定制服务
	2019年9月，京东将原有的京东拼购升级为"京喜"，在这一平台内部，内置了具有C2M模式的工厂直供专属频道
	2019年，在"双十一"购物狂欢节中，京东C2M推出的产品和新兴产品引发消费热潮

企业	大事件
拼多多	2018年12月，拼多多启动了"新品牌计划"，采用C2M模式与制造商共同打造爆款产品。宣布要扶持1000家工厂，对接5.3亿消费者
	2019年拼多多将"新品牌计划"升级为"新品牌联盟"
苏宁易购	2019年10月，苏宁正式发布苏宁C2M生态
	2020年1月，苏宁拼购首批20家企业共聚河北保定，签订C2M招商合作协议
	2020年，苏宁拼购在2019年建设的供应链基础上，优中选优，精细化管理，打造了一支C2M供应链中的"御林军"

各大电商平台纷纷着手布局C2M平台模式，下沉市场成为切入口。其中平台负责消费者与工厂间的连接，而厂家已逐步转为先销售后生产的模式。换句话说，C2M真正吹响了产业互联网的集结号。

观察阿里巴巴和拼多多的C2M工厂不难发现，大型的互联网平台在消费互联网时代已经积累了庞大的数据资源，其可以非常精准了解用户的需求，甚至能够预判用户未来的需求，促使其在C2M的模式之下继续掘金。由此可见，C2M的真正核心在于对用户的精准把控以及对生产端的深度赋能。

C2M工厂的出现，让我们看到了一个全新的产业互联网模式，对于产业上下游的精准对接，对于生产端的深度改造，是决定产业互联网未来发展方向的关键所在。

🗨 任务评价

请完成任务后填写表1-5。

表1-5　企业经营模式分析评价表

组别	成员	技能要求	掌握情况								
			自评			组评			师评		
			熟练	基本	没有	熟练	基本	没有	熟练	基本	没有
		七种模式									
		代表企业									
		划分依据									

笔记处

单元二　电子商务法律

为了保障电子商务各方主体的合法权益，规范电子商务行为，维护市场秩序，促进电子商务持续健康发展，保障公平公正的交易规则，《电子商务法》历时五年，历经三次公开征求意见、四次审议，于2018年8月31日，经第十三届全国人大常委会第五次会议审议通过，2019年1月1日起正式实施。

查一查

查阅《电子商务法》相关资料后与小组分享《电子商务法》产生的背景及对生活的影响。

一、电子商务经营者的基本义务

（一）依法登记的义务

电子商务经营者应当依法办理市场主体登记。同时，按照《电子商务法》的规定，个人销售自产农副产品、家庭手工业产品，个人利用自己的技能从事依法无须取得许可的便民劳务活动和零星小额交易活动，以及依照法律、行政法规不需要进行登记的，可以不进行登记。

（二）依法纳税的义务

电子商务经营者应当依法履行纳税义务，并依法享受税收优惠。如属于《电子商务法》规定不需要办理市场主体登记的电子商务经营者，在首次纳税义务发生后，应当依照税收征收管理法律、行政法规的规定申请办理税务登记，并如实申报纳税。

（三）依法保障消费者合法权益的义务

电子商务经营者销售商品或者提供服务时，应当保障消费者人身、财产安全的要求和环境保护要求，不得销售或者提供法律、行政法规禁止交易的商品或者服务，并依法出具纸质发票或者电子发票等购货凭证或者服务单据。

笔记处

（四）依法披露商品或服务信息的义务

电子商务经营者应当全面、真实、准确、及时地披露商品或者服务信息，保障消费者的知情权和选择权。电子商务经营者不得以虚构交易、编造用户评价等方式进行虚假或者引人误解的商业宣传，欺骗、误导消费者。

（五）尊重消费者交易选择权的义务

电子商务经营者根据消费者的兴趣爱好、消费习惯等特征向其提供商品或者服务的搜索结果的，应当同时向该消费者提供不针对其个人特征的选项，尊重和平等保护消费者合法权益。电子商务经营者向消费者发送广告时，应当遵守《中华人民共和国广告法》的有关规定。搭售商品或者服务，应当以显著方式提醒消费者注意，不得将搭售商品或者服务作为默认同意的选项。应当按照承诺或者与消费者约定的方式、时限向消费者交付商品或者服务，并承担商品运输中的风险和责任。但是，消费者另行选择快递物流服务提供者的除外。

（六）依法保护个人信息的义务

电子商务经营者收集、使用其用户的个人信息，应当遵守法律、行政法规有关个人信息保护的规定。相关调查结果显示，消费者个人信息被过度采集现象严重，线上线下均存在不同程度的个人信息泄露问题。为此，电子商务经营者应依法收集、使用和管理消费者个人信息，做到非必要不获取。对于个人信息侵权违法行为，应当依法承担责任。

二、电子商务纠纷维权注意事项

（一）保留消费证据

在网购的过程中，与客户的聊天记录、订单的各项信息、发票都要完整保存，以便在出现纠纷的时候举证。

（二）7天无理由退货

电商平台的绝大部分商品都能7日内退货，前提是不影响产品的第二次销售，因此，在购物时一定要先查看店铺的各项保障，收货后确保产品完好再丢掉包装。对于不支持7天无理由退货的产品，购物之前一定要和商家协商好赔偿措施。

笔记处

（三）选择知名平台

购物一定要选择知名的电商平台，尽量不要选择小众的，或者没有备案的平台，不打开陌生人发送的网站，学会保护自己的财产安全。

（四）网络支付安全

不要随意扫描陌生人发的收款码，在使用网银支付时保证财产安全，转账保留好各项记录。

（五）利用电商平台维权

网购后如果联系不上商家可以跟平台反馈，网购平台不能提供经营者真实情况的，必须向消费者"先行赔付"，再向提供商品的经营者追偿。

讲一讲

自己有没有遇见过电子商务平台经营者制定的不合理条款，说明你认为不合理的地方。

任务实训

实训内容及要求

根据给定的场景（表1-6），结合电子商务的相应条款，判断是否合法合规，并给出自己的解释，也可以结合自己或身边的具体例子进行分享。

表1-6　电子商务案例分析

案例详情	涉及法律问题	问题及您的回答
吴某在某网站购买商品后，对"拆分订单配送和由其支付快递费"不满，拒收货品，并申请办理退货退款手续。其大量购买、拒收、退货的行为，导致网站根据《服务条款》向吴某退回了会员服务费，冻结了其账户	1.消费者滥用退货权的问题 2.对滥用权利的消费者采取中止、停止服务措施的平台自治规则的正当性问题 3.平台自治规则与国家法律法规之间的关系问题	吴某的行为是否合理？ 该网站的行为是否合理？

笔记处

案例详情	涉及法律问题	问题及您的回答
同一商品的搜索价格，某些电商平台VIP会员的搜索结果高于普通会员的搜索结果；同一航空公司相同时段的同一航线，常乘坐该趟航线航班的乘客，使用某些电子票务平台搜索出的机票价格高于普通乘客搜索出的机票价格	大数据"杀熟"问题	网站的这种行为是否合法？ 用户遇到此类情况如何维护自己的合法权益？
淘宝（中国）软件有限公司有一款名为"生意参谋"的零售电商数据产品。××信息科技有限公司开发软件搭建平台以分享、共用账户的方式获取淘宝公司通过大量的智力劳动成果投入，并经过深度开发与系统整合形成的大数据产品	不正当竞争问题	该公司的行为是否合法？ 日常生活中你有遇到过类似的案例吗？

💬 任务评价

请完成任务后填写表1-7。

表1-7 电子商务案例分析任务评价表

组别	成员	技能要求	掌握情况								
			自评			组评			师评		
			熟练	基本	没有	熟练	基本	没有	熟练	基本	没有
		熟知条款									
		分析案例									
		应对措施									

笔记处

单元三　电子商务技术

任务一　电子商务基础技术

一、计算机网络技术

计算机网络指依据网络协议，将分散在各个地区的、有独立功能的多台计算机，通过通信设备线路连接起来，在网络软件的支持下，实现彼此之间资源共享和数据通信的整个系统。

（一）计算机网络的功能

计算机网络的功能是实现计算机之间的资源共享，主要包含硬件、软件、数据和信道资源的共享。网络通信即传输数据、图形、图像、声音、视频等各种多媒体信息，当任务复杂或者负荷较重时，通过网络和应用程序的控制和管理，将作业分散到网络的其他计算机中，由多台计算机共同完成。

（二）计算机网络的分类

计算机网络可按网络拓扑结构、网络数据传输和网络系统的拥有者、不同的服务对象等不同标准进行种类划分。一般按网络范围划分为三类。

1.局域网

局域网（LAN）一般属于一个团体或者组织小范围网，距离在10千米以内，例如一个学校、一个单位等，它具有范围有限、行政可控、速率高、安全性高的特点。

2.城域网

城域网（MAN）是在一个城市范围内所建立的计算机通信网，它的传输媒介主要采用光缆，范围相对较广，距离从几十千米到上百千米不等。

3.广域网

广域网（WAN）涉辖范围大，一般从几十千米至几万千米，例如一个城市、一个国家或洲际网络，此时用于通信的传输装置和介质

笔记处

一般由电信部门提供，能实现较大范围的资源共享。

（三）网络互联常用设备

1.中继器

中继器适用于完全相同的两个网络的互联，是连接网络线路的一种装置，完成信号的复制、调整和放大功能，以此来延长网络的长度。

2.路由器

路由器具有判断网络地址和选择IP路径的功能，它能在多网络互联环境中，建立灵活的连接，可用完全不同的数据分组和介质访问方法连接各种子网。

3.交换机

交换机（switch）是一种在通信系统中完成信息交换功能的设备。

二、Web开发技术

Web开发技术可以通俗地理解为网站开发的各项技术，利用浏览器支持的各种语言开发网站，在电子商务中主要用于客户端和服务器端的网站开发。

（一）Web工作原理

（1）浏览器根据用户输入的域名或IP查找对应的Web服务器，并向其发送访问请求。

（2）Web服务器根据请求的内容来调用服务器端的程序。

（3）服务器端接收请求命令查找结果或者与数据库交互返回数据。

（4）处理结果返回到应用服务器，通常是一个HTML格式的文档。

（5）Web服务器接收结果并返回给客户端浏览器。

（6）浏览器解析HTML文档，最终图文化呈现给用户。

（二）Web开发相关技术

Web开发技术一般分为前端技术和后端技术，前端技术主要用于开发静态页面和简单的交互效果，主要有HTML、CSS、JAVASCRIPT等以及由此延伸出来的各种开发框架；后端技术即服务

笔记处

器端技术，主要包含 ASP、JSP、PHP、CGI、ASP.NET 等。全球知名 TIOBE 编程语言社区发布了2023年2月编程语言排行榜，排名前五名的分别为 Python、C、C++、JAVA、C#。

（三）电子商务网站建设与管理

对于中小型电子商务企业，一般需要建设自己的门户网站来进行信息展示和企业宣传，为节约人力和资金成本，可借助于 DEDECMS、PHPCMS 等第三方内容管理系统进行二次开发，成本低廉，操作简单。用户更多关注网站的内容管理和样式设计，通过动态内容静态化，最大幅度地降低了系统的负荷。

任务实训

实训内容及要求

从具体的平台网站、营销活动入手，分析电子商务平台或者具体营销活动等所使用的各项技术，补充表1-8。

表1-8 "XX企业"电子商务基础技术运用

平台	基础技术	应用
	计算机网络技术	
	Web开发技术	

任务评价

请完成任务后填写表1-9。

表1-9 电子商务基础技术任务评价表

组别	成员	技能要求	掌握情况								
			自评			组评			师评		
			熟练	基本	没有	熟练	基本	没有	熟练	基本	没有
		技术									
		案例									
		讲解									

笔记处

任务二　电子商务新技术

一、云计算

云计算是一种全新的共享软硬件资源的网络技术，与传统网络相比具有动态可扩展、灵活性高、可靠性高、性价比高的特点，用户可以按需部署，大大降低了企业的维护成本。

云服务能够提供专业、高效、安全的数据存储，防止企业因各种原因而造成的重要数据丢失和被盗。云计算使电子商务企业投入成本节约化、数据存储安全化、商业活动便捷化、数据资源共享化。

2022年我国网上零售额达13.79万亿元，直播、短视频带货业务蓬勃发展，云计算在电子商务行业的使用越来越普遍。

（一）为企业提供灵活高效的技术支持

电商行业竞争激烈，企业想要异军突起，需要一整套"营销＋运营＋供应链＋物流＋技术创新"的智能化系统，超低延迟电商直播可以大大提升边看边买的体验，主播可以结合互动区更好实现控场和互动，并且让秒杀、抽奖、拍卖等对时效要求高的营销手段有了更强的底层支撑，解决卡顿、无响应等问题，大幅提升用户活跃度和商品成交率。

（二）降低企业新技术开发和运维成本

云计算服务商可以提供各种集成服务，无须商家自行开发，大大降低了企业新技术开发的费用，如华为云提供的VR/AR试衣、虚拟直播、用户高效匹配、3D实时互动、360度展示等新功能技术支持，可以帮助电商企业更好地提升消费者的用户体验；百度智能云提供全流程、全场景智慧媒体业务，完成从基础设施到用户端全链路服务。

（三）提升精细化运营和供应链优化能力

电商平台个性化的推荐和短视频直播带货带来的巨大产品成交，对于企业和平台都提出了更高的供应链支持要求。云服务高扩展、并行处理的能力可以很好地支撑如双十一购物狂欢节活动的井喷流量，也可以打通不同业务场景和平台产品之间的数据交换，实现供应链的优化协同。

笔记处

二、大数据

大数据的概念是相对于常规数据而言，无法在短时间内利用常规软件或者技术抓取、管理和处理的海量数据，被称为大数据，这些数据有多种呈现形式，包含文字、图片、声音、视频等。大数据处理技术则指借助于各种新技术来从海量数据中获取有价值的信息。

大数据一般具有数据大、数据类型多样、要求处理速度快、价值信息量小的特点。而电子商务在用户体量、产品数量、交易规模上均可以称为大数据，通过对电子商务流程中的产品数据、用户数据、行业数据、交易数据等进行归类分析处理，可以更好地了解用户偏好、分析用户消费习惯，为智能化推荐和高效率交易提供技术支持。

大数据技术可以帮助电子商务经营者进行动态信息针对性归类，向客户推荐合适的产品与广告，达到精准化营销的目的。

（一）"千人千面"

如图1-2所示，不同的主体访问电商网站首页或者搜索同一关键词，会呈现不同的产品，这是"千人千面"的具体呈现，以此来提升用户对店铺的忠诚度和对网站的黏性，同时帮助企业增加产品的销售和利润。

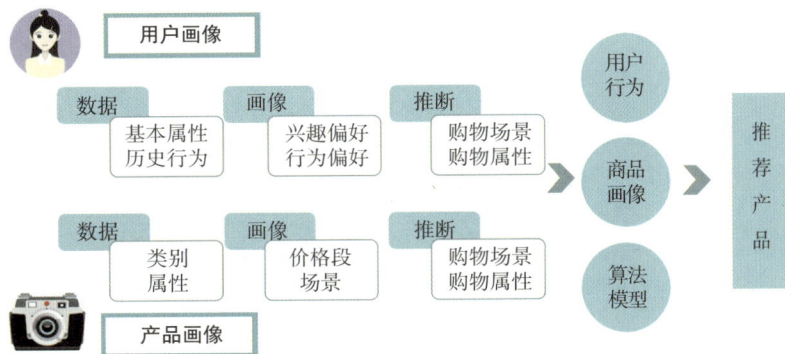

图1-2 "千人千面"流量逻辑

（二）合适的广告与产品推荐

通常用户在浏览网站时比较反感广告和不相关的产品推荐，而大数据技术则基于用户以往的浏览习惯，收集、分类、整理、推荐用户可能感兴趣的内容，在合适的时机进行广告和产品推荐，从而达到营销的准确性和效率性的统一。

笔记处

（三）精准化营销

消费者行为可以分为搜索行为、浏览行为、比较行为和购买行为。通过对消费者数据进行统计、分析、比较，可以构建用户画像，识别目标群体，预测偏好。例如，天猫可以通过入口页面和搜索关键词来分析客户的行为，并根据浏览时长、加购收藏行为、客户访问深度等来预测可能购买的产品。

三、物联网

物联网通俗来讲就是物物相连，通过各种传感设备终端，借助通信网络，实现设备之间的信息交换，最终达到智能化预测、定位、控制、反馈、监管等作用。

物联网的普及和发展对电子商务的交易产生了巨大的影响，特别是在仓储、配送、物流方面发挥了重要的作用，进而影响市场、消费者和企业，促进产品创新，提升交易效率，保证支付安全，给予消费者和企业双方更好的体验。

（一）优化物流运送体系

物联网智能物流系统对运行在辖区内的运输车辆位置、运送商品类型、数量进行管理和控制，零售商还可以借助射频识别（RFID）和GPS等技术实现运输和交付自动化。

（二）个性化客户服务

电子商务商家可以借助各项数据，分析用户需求，利用客户关系为用户提供更加个性化的服务，甚至量身定制各项体验。当用户到达一个新地点，物联网设备会获取用户的地理位置，为其推荐合适的产品，甚至检测用户身体状态，推荐合适的旅行线路。

（三）完善售后服务

物联网可以通过设备互联，建立消费者和商家之间的长期联系，使品牌融入客户生活的各个方面。同时利用物联网监控产品的生命周期和使用阶段，为用户提供更为完善的售后服务，如针对打印机产品，可以随时为用户提供维修、更换墨盒等服务。

（四）库存智能化管理

在商品的库存系统中使用RFID标签和物联网传感技术，可以对仓库中的商品进行库存跟踪，也可以检测物体温度、设定保质期预警

笔记处

等，智能化的监控可以很好地减少人为库存管理的误差，通过各项技术将数据同步到企业ERP管理系统中。

四、人工智能

人工智能是一门融合计算机、统计学、心理学、哲学、社会科学等的一门前沿综合性学科，它的主要目标是使机器拥有和人类一样的智力能力，替代人类进行学习、推理、思考和规划等多种活动。

如图1-3所示，在电子商务的各个业务流程中，人工智能均能发挥重要的作用。在购物初始阶段，人工智能可以结合用户之前的浏览、购买行为获取用户需求，向用户推荐符合需求的商品；对于卖家而言，可以借助人工智能实现智能定价、智能仓储、智能客户服务，最终实现精准营销；在保证账户安全方面的人脸识别、物流配送方面的无人机配送等各种人工智能应用场景，将用户的整个购物流程变得智能化。

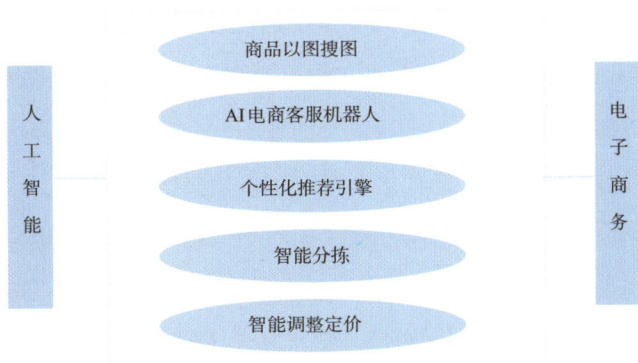

人工智能
电子商务

商品以图搜图

AI电商客服机器人

个性化推荐引擎

智能分拣

智能调整定价

图1-3 人工智能在电子商务中的应用

人工智能对电子商务的促进作用体现在降低各项成本、提高交易效率和提升服务体验三个方面。

人工智能并不代表机器完全代替人类，而是将一些重复性的工作交给机器，同时通过各项手段实现精准营销、优化购物流程的作用。尽管人工智能这几年得到了迅速的发展，但仍有许多问题亟待解决，如何将个性化推荐和保护用户隐私协调统一、复杂的算法需要更强计算能力的超级计算机等都是人工智能在电子商务应用过程中将面临的巨大挑战。

笔记处

五、AR、VR和MR

增强现实（Augmented Reality，AR）指虚拟世界与现实世界叠加在一起，用虚拟信息对人们看到的现实世界进行补充。简单来说，就是看到的场景和人物一部分是真，另一部分是假。例如，从网上商店买回来一个玩具，是散碎的零件、一堆螺丝钉和螺丝帽，需要自己进行组装。这时，只需要使用手机上的App，对准说明书上的二维码，就会显示出组装步骤的文字或影像，这就是AR的应用。

虚拟现实（Virtual Reality，VR）指看到的场景和人物全是假的，可以让人身临其境地进入一个虚拟的世界。随着电子商务的发展，VR成了网络购物的最佳拍档。VR通过虚拟场景和增强图像的能力，使人们"走进"商店，产生"逛商店、寻商品"的实际体验。顾客可以舒服地坐在自己家里，从各种角度观看自己喜爱的商品，大幅提升购物体验。

Trya Srl开发的Snapfeet（移动App），可以使客户根据扫描出的双脚3D生物特征进行虚拟穿鞋，同时，该App可以推荐最适合客户的鞋子尺寸和型号。著名家居零售商宜家集团在App中加入AR技术，允许顾客在"家"中观看并且放置3D虚拟物品。顾客可以提前看到家具在家中摆放后的样子，确定这件家具是否适合购买。VR在电商中的应用，不仅让顾客的满意度大大提高，还降低了退货率和投诉率，为商家和顾客创造了双赢局面。

混合现实（Mixed Reality，MR）是比AR的面更宽、比VR更先进的一种技术。混合现实填补了从AR到AV（Augmented Virtuality，增强虚拟）的空缺，把增强现实和虚拟现实连接在一起。简单来说，MR是VR、AV和AR的一种组合。例如，英国一家MR新创公司研发了一种T恤衫，把智能手机或者平板电脑的摄像头对准穿着的T恤衫，这件T恤衫前面就出现一个窗口，身体的内脏就显露在与手机或平板电脑相连的头盔显示器上，可以看到各种内脏的细节。

MR虚拟数字直播间，突破传统的平面或者2D的视觉内容，能够与观众及时互动，让用户获得沉浸体验。目前MR直播技术很好地迎合了市场的发展趋势，抓住了数字时代的机遇，让"人、货、场"经典直播变得与众不同，应用价值极高。

笔记处

任务实训

实训内容及要求

从具体的平台网站、营销活动入手，分析电子商务平台或者具体营销活动等所使用的各项技术，完成表1-10。

表1-10 "XX企业"电子商务新技术运用

平台	新技术	案例
	云计算	
	大数据	
	物联网	
	人工智能	
	VR/AR	
	其他	

任务评价

请完成任务后填写表1-11。

表1-11 电子商务新技术任务评价表

组别	成员	技能要求	掌握情况								
			自评			组评			师评		
			熟练	基本	没有	熟练	基本	没有	熟练	基本	没有
		熟悉技术									
		搜集案例									
		分享讲解									

笔记处

💬 学生自评表

编号	实训任务	技能要求	掌握情况		
			熟练	基本	没有
1	搜集企业发展历程	熟悉主流电商平台的发展			
2	分析平台模式	掌握常见的五种平台模式划分依据			
3	读懂电商基本法	能够结合电子商务法进行案例分析			
4	熟知电商基本技术	熟悉电子商务基础技术			
5	熟知电商新技术	熟悉常见的电子商务新技术			

💬 小组评价表（组长）

技能评分以A、B、C三个档次进行打分，具体要求内容参考学生自评表中的实训任务和技能要求。A等级指各项实训任务均能很好地掌握，B等级为一半以上的实训任务都可以完成，C等级为大部分实训任务无法按要求完成。素养得分参考学生在完成实训任务过程中体现的个人素养，具体要求参考教师评价表中的细化，以A、B、C三个档次进行打分，并要求组长将组员在实训过程中的优异表现记录到素养得分中，如某个学生在小组任务完成过程中很好地体现了创新意识，可以详细记录到得分评价表备注中，在课堂上进行分享，之后各个篇章的实训小组评价和教师评价均以此为依据参考。

成员	各个实训任务技能得分					素养得分				
	1	2	3	4	5	自主学习	团队协作	创新意识	资源整合	工匠精神
备注										

小组名称：_____ 组长：_____

笔记处

教师评价表

编号	实训任务	技能要求	掌握情况		
			A	B	C
1	搜集企业发展历程	熟悉主流电商平台的发展			
2	分析平台模式	掌握常见的五种平台模式划分依据			
3	读懂电商基本法	能够结合电子商务法进行案例分析			
4	熟知电商基本技术	熟悉电子商务基础技术			
5	熟知电商新技术	熟悉常见的电子商务新技术			

编号	素养要求点	具体要求	学生情况		
			A	B	C
1	自主学习	能够借助网络资源查找、学习更多电商知识			
2	团队协作	能够服从小组安排和成员协商完成小组任务			
3	创新意识	对于热点案例能够有自己独到的见解，对于问题能有更好的解决方法			
4	资源整合	能够进行资料整合，二次创作，具体问题具体分析			
5	工匠精神	对任务精益求精，追求最好的效果			

笔记处

一、单选题

1.狭义电子商务主体一般指（　　）。

A.电子商务企业　　　　　　　　B.政府机构

C.教育机构　　　　　　　　　　D.个人

2.买卖双方从交易的洽谈、签约以及货款的支付、交货通知等整个交易过程都在网络上进行。通畅、快捷的信息传输可以保证各种信息之间互相核对，防止伪造信息的流通。这属于电子商务哪一项特点？（　　）

A.交易虚拟化　　　　　　　　　B.交易成本低

C.交易效率高　　　　　　　　　D.交易透明化

3.（　　）模式指消费者与企业之间的电子商务，是先由消费者提出需求，然后由生产或商贸企业按需求组织生产、货源的一种商务活动。

A.O2O　　　　　　　　　　　　B.B2C

C.C2B　　　　　　　　　　　　D.C2C

4.下列哪个属于C2C个人消费者与个人消费者之间的电子商务模式。（　　）

A.天猫　　　　　　　　　　　　B.京东

C.闲鱼　　　　　　　　　　　　D.拼多多

5.《电子商务法》在（　　）年1月1日正式实施。

A.2017　　　　　　　　　　　　B.2018

C.2019　　　　　　　　　　　　D.2020

二、多选题

1.电子商务的特点包括（　　）。

A.虚拟性　　　　　　　　　　　B.跨越时空性

C.低成本　　　　　　　　　　　D.高效性

2.电子商务的各类应用是建立在（　　）和（　　）两大支柱上的。

A.政策法律　　　　　　　　　　B.消费者

C.信息来源渠道　　　　　　　　D.技术标准

笔记处

3. 2016年，马云提出了"五新"，即新零售、新制造、（　　）、（　　）、（　　）。

A.新金融　　　　　　　　　　B.新技术

C.新能源　　　　　　　　　　D.新经济

4.C2G是消费者与政府之间的电子商务模式，一般包含哪些业务？（　　）

A.网上个人报税　　　　　　　B.网上支付社会福利

C.网上缴纳保险费用　　　　　D.购买零食

5.电子商务经营者应当（　　）披露商品或者服务信息，保障消费者的知情权和选择权。

A.全面　　　　　　　　　　　B.真实

C.准确　　　　　　　　　　　D.及时

三、判断题

1.在1688网上批发了一些小饰品在学校门口售卖属于电子商务。（　　）

2.利用电报、传真等技术进行的商务活动还不是严格意义上的电子商务。（　　）

3.2018年，我国三大电信运营商开始建设5G网络，2019年投入商用。（　　）

4.按照交易主体划分，天猫平台属于B2B模式。（　　）

5.个人销售自产农副产品不需要进行登记。（　　）

6.电子商务经营者应当依法履行纳税义务，并依法不享受税收优惠。（　　）

7.电子商务经营者销售商品或者提供服务应当依法出具纸质发票或者电子发票等购货凭证或者服务单据。电子发票与纸质发票具有同等法律效力。（　　）

四、简答题

1.电子商务的发展根据使用网络的不同可以分为哪几个阶段？

2.按照交易地域电子商务可以划分为哪些类型并举例。

笔记处

3.简述《电子商务法》中关于电子商务经营者需要履行的义务。

党的二十大报告中提到："弘扬诚信文化，健全诚信建设长效机制。"深入学习贯彻党的二十大精神，必须加大诚信建设力度，为诚信社会的建设提供更有力的制度支撑和文化认同。对个人来说，诚信是一个人立身社会必备的道德品质；在社会中，诚信是与人交往的基本准则；在企业经营过程中，诚信是得以持续经营的基石。无论是学习还是工作，都应发挥诚信文化的价值引领作用，推动高质量诚信建设。

【看】守工匠精神，铸品牌信用

在网络上搜集和企业诚信经营相关案例，总结案例中人物展现的工匠精神。

【读】小小"诚信口罩"，树立诚信口碑

案例代表：厦门市嘉晟对外贸易有限公司

厦门市嘉晟对外贸易有限公司秉持诚信经营的理念，深耕外贸综合服务领域，为中小企业提供线上线下融合的供应链整体解决方案，以诚信帮助生产企业获取订单，助力中小企业提质增效、提高国际市场竞争力。

诚信助力发展。该公司作为首批外贸综合服务国家试点企业，通过"互联网＋外贸"综合服务，为外贸企业提供信息、数据、金融、通关、物流、退税、外汇等服务，构建"五位一体"的企业信用管理机制，包括信用奖惩制度、产品质量管理体系、知识产权监管体系、商务运营管控体系、财务信用管控体系等，助推企业提质增效。

诚信赢得客户。该企业出口防疫物资数百批次，未发生一起防疫物资质量投诉退运，未发生一起防疫物资违规申报。2020年3月，企业接到境外客户急需一批防护口罩的订单后，克服货期紧、质量要求高的困难，及时对接优质供应商，严格

笔记处

把控供应链环节，主动让利厂家，确保产品质量、如期交货。"诚信口罩"得到国际客户好评，并获得追加订单的回报。

诚信展现形象。该企业积极培育员工树立"诚信经营"价值观，引导员工对社会、对客户、对行业讲诚信，对为企业创造良好声誉的员工给予表彰和奖励。企业创立24年，从未拖欠过供应商的货款，有时考虑一些供应商资金周转比较难，甚至主动提前1~2周付款。

【论】现代社会诚信还是最重要的吗

正方：现代社会诚信依然最重要。

反方：现代社会诚信不是最重要的。

结合班级学生辩论赛中的言论，你有什么想法呢？

【演】诚信小剧场

以小组为单位，分角色录制视频，要求视频中呈现"诚信"主题，可以参考网络上的脚本，小组也可以自行撰写脚本，或者演绎经典诚信故事。如季布一诺千金、曾子杀猪、孔子"以诚为本"、商鞅"立木取信"。

拓展提升 ▶▶▶

案例1　电商黑马拼多多的发展历程

提到拼多多，想必大家马上会想到限时秒杀、品牌清仓、天天领现金、现金签到、砍价免费拿等，大部分人或主动或被动地下载软件参与过这些活动。作为电商后起之秀，虽然一路伴随争议，但拼多多确实从阿里和京东中突围。拼多多电商平台成立于2015年9月，借助"社交裂变＋低价爆款"的商业模式快速发展，成立三年上市，上市后市值一度超过京东和百度。

笔记处

拼多多创始人黄铮2002年毕业于浙江大学，后到美国威斯康星大学攻读计算机硕士，毕业后加入谷歌，2007年从谷歌离职，继而创办了拼多多这个品牌。拼多多在一个看似没有机会的饱和领域（电商领域）找到了新的商业突破，这几乎超出所有人的想象。

第一阶段：2015~2018年。拼多多靠C2B社交拼团模式起家，依托微信流量实现跨越式增长。2016年9月，拼多多与水果自营电商"拼好货"合并，于2017年全面转型社交电商平台模式。发展初期，拼多多利用微信小程序和社交拼团快速裂变，并在算法模式上颠覆传统的搜索模式，重视推荐，强调"人货匹配"。公司于2018年7月在美国纳斯达克挂牌上市，年活跃用户数突破4亿。

第二阶段：2018~2019年。自2017年以来，为应对日益凸显的产品质量问题，平台通过系列措施加强处罚力度，严控商品质量。2017年，平台下架1070万疑似侵权商品，设立1.5亿消费者暴涨基金；2018年，关停超过6万家涉嫌违规店铺；2019年，创设"假一赔十"消费者赔付金制度。2019年第二季度，公司针对品牌商品推出"百亿补贴"，发力品牌营销并向高线用户渗透。

第三阶段：2020年至今。为了进一步夯实竞争壁垒，公司从前期的获客思维转向用户深度运营：①营销：2019年11月上线直播，2020年2月推出"拼小圈"，深化社交建设以及用户App使用习惯；②品类：2020年8月加码社区团购，依托数据、流量优势巩固生鲜、日用百货等优势品类，未来有望借力生鲜高频属性与其他品类相互引流，增加用户黏性，提升购物频次，夯实公司基本盘；③跨境：2022年9月上线TEMU，当年的"黑色星期五"促销节它抢尽了跨境电商行业的风头，并在美国市场上迅速掀起了"薅羊毛"的热潮。TEMU在美国的策略，与拼多多在国内的策略几乎一模一样，新人购、注册七折券、新用户包邮、全站无门槛折扣等。超低价格的TEMU惊呆了美国人的想象，"砍一刀"也同样适用。

未来，拼多多计划在实体产业的数字化上加大投入。拼多多CEO陈磊表示："我们接下来会继续加大投入，通过更好理解和服务消费者需求，持续扎根实业，通过对农业实体和制造产业不同环节进行科技投入，踏实地做好价值创造，这才是这个平台长期高质量发展的支撑。"

思考题

看完拼多多的发展历程，你认为它在已经高度饱和的电商平台市场异军突起的关键因素是什么？

案例2　美团是如何成为O2O之王的

2010年3月4日，王兴建立了美团网。作为一个致力于提供本地生活优惠的信息发布平台，美团不断扩张业务边界，围绕不同场景为用户提供服务。在这十多年的发展历程中，美团的业务稳健速增，成为本地生活领域的领跑者。

美团2010年3月上线，之后众多团购平台跟进，高峰期大小真假团购多达5800家，引发了一场耗日持久的"千团大战"。历经多轮洗牌，美团最终从"团购战场"中杀出重围，2013年年底，确立了行业领跑者的地位，以绝对市场优势，将大众点评、拉手、窝窝团、糯米网等竞争对手甩在了身后。美团能在"千团大战"中获胜，很重要的一个因素是抓住了移动互联网的红利，并且能够保持冷静和理性，按照自己的节奏开展业务，没有跟随竞争对手盲目拓展城市、投放广告。

2014年，美团全年交易额破460亿，用户过2亿，覆盖全国1006个城市，合作商户超80万家，移动端交易额占比90%以上。美团不只在团购领域独领风骚，同时在国内电商

笔记处

领域快速发展，一个本地化生活服务O2O平台，格局初现。同年专注于团购的美团调整定位为"吃喝玩乐的大平台"，并切入多个细分市场，在多条业务线上开展业务，包括电影票、酒店、外卖等，引发了激烈的市场竞争。

2015年，美团点评、糯米等团购网站陆续宣布去团购化，正式向O2O综合服务商转型。美团外卖与饿了么之间的跑马圈地由此进入真金白银的较量。饿了么早于美团几年开展外卖业务，当时聚焦一线城市校园市场。美团避开对方优势领域，发力二三线城市校园市场，取得成功的同时，打乱了对手节奏。虽然百度和阿里一度想要夺回外卖市场，但美团通过自己的耐心取得了压倒性的优势和胜利。美团在2015年面对挑战，搭建平台，建设生态，尝试成为最大O2O平台入口。

自成立之初，美团即确定"帮大家吃得更好，生活更好"的企业使命，目标的长期性要求美团必须从更高的战略角度实现业务布局，从更具实感的"吃"切入，最终形成"吃喝玩乐住行"全链路全场景的一站式服务。美团始终着眼于用户习惯开拓新业务，不断在本地生活领域涌现业务创新，而后借助产业互联网实现各业务板块的联动与协作，大大提高了效率。

思考题

在生活中除了美团，你还使用过哪些O2O平台？

案例3　电商恶意投诉案

2016年，王某经营的淘宝店售卖的是海外直邮的正品，

笔记处

可是没想到，从12月开始，就遭到了另一家淘宝店主江某的恶意投诉。为了投诉成功，江某还伪造了相关注册商标的权利证明等报告，声称自己就是该品牌的权利人，王某店铺出售的衣服为假冒商品。平台根据江某提供的依据，对王某的店铺进行了降权的处分。

降权影响店铺的搜索排名，再加上部分商品被下架及多方面因素影响，王某店铺的月销售额从800万元降到每月仅三四百万元。自己明明卖的是正品，却被投诉，王某很不服气，通过调查他发现江某曾对淘宝平台上其他多名同品牌卖家发起过投诉。在淘宝平台的协助下，王某发现，江某的店铺竟然和自己卖的是同一品牌服饰，而且江某因售卖假货，被四川当地公安机关刑事立案。随后，王某将江某起诉至法院，法院审理后查明，此案为一起恶意投诉案件。

通过伪造品牌授权的方式打击同一电商平台内其他同业竞争者，使其自身获得更多平台内消费者流量，以此来攫取不正当竞争优势的行为，是典型的不正当竞争行为，违反了《反不正当竞争法》《电子商务法》等法律法规。

《电子商务法》第四十二条明确设定了电商平台在接到知识产权权利人侵权通知后的应对流程。知识产权权利人认为其知识产权受到侵害的，有权通知电子商务平台经营者采取删除、屏蔽、断开链接、终止交易和服务等必要措施。通知应当包括构成侵权的初步证据。

电子商务平台经营者接到通知后，应当及时采取必要措施，并将该通知转送平台内经营者；未及时采取必要措施的，对损害的扩大部分与平台内经营者承担连带责任。

因通知错误造成平台内经营者损害的，依法承担民事责任。恶意发出错误通知，造成平台内经营者损失的，加倍承担赔偿责任。

法院审理后认为，被告江某作为同业竞争者理应尊重他人的合法权益，诚信经营，但其明知自己不具有投诉资格且不能证明被投诉产品存在侵权的情形下，依然通过变造权利凭证对原告进行恶意投诉，其行为违反了诚实信用原则和商业道德准则，损害了原告正当商业利益，应当对这种恶意投诉行为及时制止、依法严惩。原告诉求被告赔偿经济损失800万元及合理费用3万元，其主张侵权损失的依据系根据淘宝店铺销售下降计算而成，但未举证证明案涉投诉行为系其营业额下降的唯一原因。结合恶意投诉之后的10个月营业额下降累计已达3000余万元这一事实，并综合考虑侵权行为的形态、时间、范围、经营规模及主观过错程度，参考销量、售价、服装行业利润率及侵权维权的合理开支，法院酌定被告赔偿原告经济损失210万元。

互联网不是法外之地，电子商务经营者从事经营活动，应当遵循自愿、平等、公平、诚信的原则，遵守法律和商业道德，合法善意经营。正当的侵权投诉本身是权利人行使权利的一种体现，但是如果恶意利用投诉机制甚至伪造、变造权利依据以发起投诉，不仅破坏正常的竞争秩序，也损害了同行业竞争者的合法权益，应当予以规制，行为人必须承担相应的法律责任。

思考题

恶意投诉需承担相应的法律责任，日常生活中我们也要会用法律维护自己的合法权益。你有因延迟发货、产品描述不符等问题在电商平台投诉商家的经历吗？

案例4　"Buy+" VR电商

2016年4月初，阿里巴巴利用TMC三维动作捕捉技术和HTC Vive的VR设备推出Buy+，Buy+可以捕捉消费者动作，并触发虚拟环境反馈，实现消费者的"逼真购买"，把

笔记处

传统的二维购买场景变成三维购买场景，突破时间和空间的限制，真正实现各地商场随便逛、各类商品随便试的购物体验。

完成一次Buy+购买体验，用户需要戴上HTC Vive的头盔，使用手柄来操作进入Buy＋界面后，就会看到虚拟的购物场景和导购员，用户可以在这种虚拟购物场景中进行360度无死角的环视、仰视。通过手柄操作，用户可以在购物场景里进行走动、拿起产品、查看商品详情、观看T台秀、欣赏买家秀、进行购买等活动。

1. 100%还原真实场景

Buy+通过VR技术可以100%还原真实购物场景，也就是说，使用Buy+后无论身处何地，都可以身临其境地在全世界购物。

2. 批量快速建模

将VR技术应用于购物领域，最大的挑战是如何快速地把淘宝10亿件商品在虚拟环境中1∶1复原。为了解决这个问题，阿里推出了"造物神"计划。丰富的VR商品库可以直接降低网络购物的退货率，提高实体店购物的购买效率。通过快速建模，能让消费者足不出户确定所选商品是否合适。

3. 动作捕捉，真实互动

Buy+利用TMC三维动作捕捉技术捕捉消费者的动作并触发虚拟环境的反馈，最终实现虚拟现实中的互动。简单来说，消费者可以直接与虚拟世界中的人和物进行交互，甚至将现实生活中的场景物品虚拟化，使其成为一个可以互动的商品。例如，利用带有动作捕捉的VR设备，你眼前的香蕉、书籍在Buy+中可以化身为架子鼓，利用这种互动形式，让消费者在购买商品的过程中拥有更多体验。

Buy+技术最早在一些品牌活动、秀场表演中得到使用。《连线》杂志主编凯文·凯利（Kevin Kelly）曾预测过：未来，最大的电商会成为最大实体店的拥有者，而最大实体店

笔记处

的拥有者会成为最大电商平台的拥有者。这两者之间的高度发展和融合会成为科技、商业的下一个发展主题。

思考题

你认为未来VR购物会取代传统线下购物吗？

笔记处

02

模块二

透视电商

小张是电子商务专业的一名学生，他在课堂上听完老师讲的农村电商案例后，突然想到上次回老家时舅舅和他说起家里今年种的红薯滞销问题。下课后他打电话将老师课堂上讲的案例给舅舅大概讲了一下，舅舅听完后让小张帮他解决红薯滞销问题。小张先帮舅舅在淘宝平台注册了一家淘宝店，然后在抖音和快手平台上分别注册了相应的社交账号，结合课堂上所学的店铺运营以及网络营销知识，利用课余时间帮助舅舅打理店铺和账号，舅舅负责给他发图片和一些视频，他负责装修店铺、上架产品和策划活动，同时配合社交媒体账号的宣传营销，成功帮助舅舅卖掉了三分之一的红薯。

请思考：小张还可以使用哪些渠道帮助舅舅销售红薯？

教学目标

知识目标

1.了解农村电商、社交电商、内容电商、新零售电商的概念及主要特点。

2.了解农村电子商务的运行模式及主要实践平台。

3.了解社交电商的主要类型及主要优缺点。

4.熟悉内容电商的各类平台。

5.熟悉新零售的运行模式及主要优缺点。

技能目标

1.能够针对不同的农产品合理选择电商平台。

2.能够根据产品的特点分析适合的社交电商模式。

3.能够根据产品内容选择不同的内容电商平台并进行有效推广。

4.能够针对不同类型的新零售模式进行盈利分析。

素质目标

1.能够树立创新创业意识。

2.能够和团队成员协作，完成本职工作。

3.能够借助互联网搜集、整理信息。

笔记处

💬 思政目标

1.关注三农，服务三农。

2.具备实事求是的价值观和求真务实的工作态度。

💬 知识导览

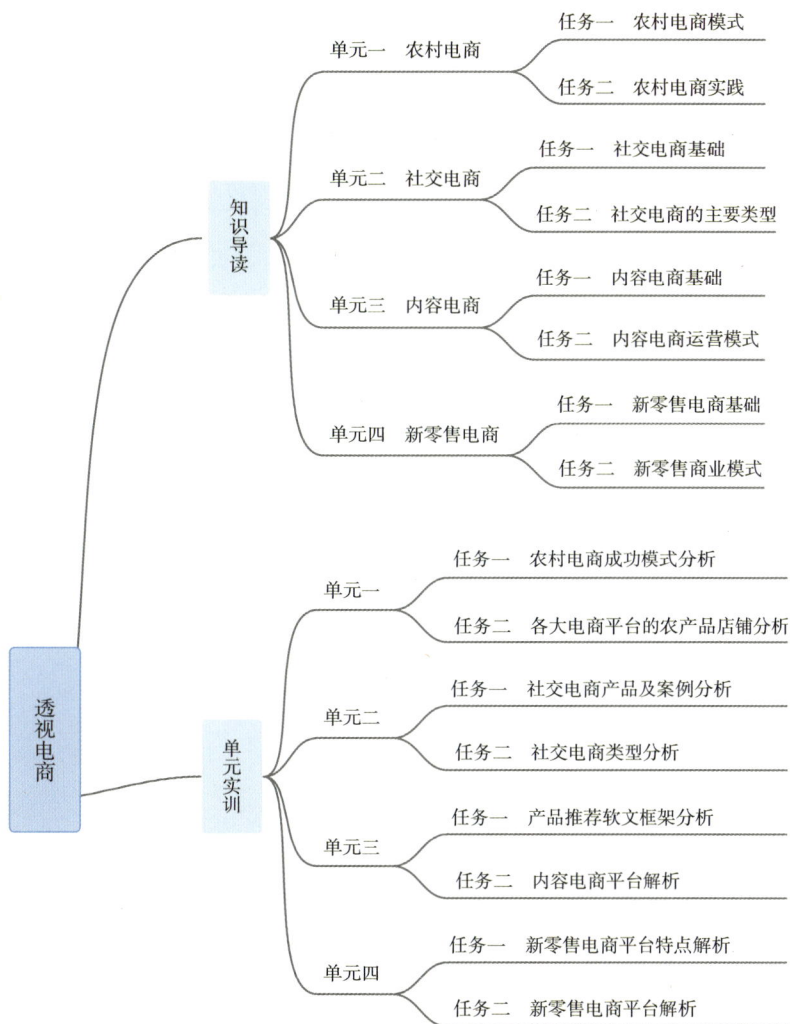

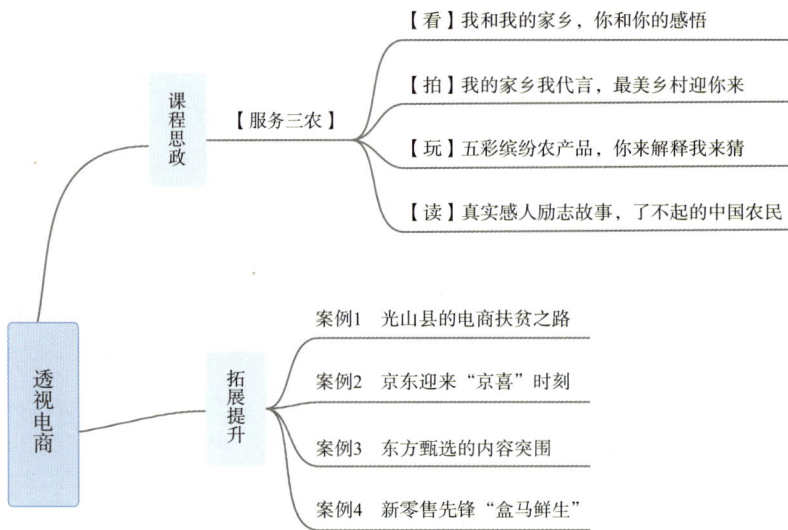

课程思政 —— 【服务三农】
- 【看】我和我的家乡，你和你的感悟
- 【拍】我的家乡我代言，最美乡村迎你来
- 【玩】五彩缤纷农产品，你来解释我来猜
- 【读】真实感人励志故事，了不起的中国农民

透视电商 —— 拓展提升
- 案例1 光山县的电商扶贫之路
- 案例2 京东迎来"京喜"时刻
- 案例3 东方甄选的内容突围
- 案例4 新零售先锋"盒马鲜生"

笔记处

单元一　农村电商

📋 任务一　农村电商模式

电子商务的发展改变了人们的生活和生产方式，其跨地域特性帮助农村经济打破了以往有形市场的局限。在电子商务平台的助力下，农村电商应运而出，它的出现助力我国脱贫攻坚与乡村振兴战略的实施。

农村电子商务指利用互联网、计算机、多媒体等现代信息技术，为从事涉农领域的生产经营主体提供在网上完成产品或服务的销售、购买和电子支付等业务交易的流程。农村电商作为"互联网＋"战略的重要实现形式，有利于改变农村生产经营模式，节约生产及销售成本；有利于农产品市场资源的优化配置，提高农村经济运行效率和农民生活质量；是做好"三农"工作的催化剂。

讲一讲

你的家乡在哪里？谈谈家乡农村电商的现状及发展。

电子商务模式层出不穷，全国各地从各自农村发展的痛点着手，完善农村电子商务模式，下文列出几个经典模式供大家学习参考。

一、产业链生态经济模式

"产业链生态经济模式"又称"跨域整合某一品类生态经济模式"，是以某一品类的产品为切入点，所有与该产品有关的县（区）共同参与，制定产品分类标准，建立溯源体系（农产品类）和服务标准（服务业），按统一的标准进行产品加工和品牌宣传，打通产品产前、产中、产后全产业链（生产/种植、加工、质检、追溯、仓储、物流、销售、售后等）。此模式的典型代表是清河模式。

河北清河县有"中国羊绒之都"的称号，这里山羊绒产量长期占

笔记处

全国份额的60%以上，占全球份额的40%以上，产业基础雄厚。受2008年全球金融危机影响，清河羊绒出口大幅下滑，在这种情况下，清河县大力发展电子商务，提出了"网上网下互动，有形市场与无形市场互补"的发展思路，走出了一条独特的县域电商发展模式——专业市场+电子商务。

清河模式的主要经验有四点。一是协会+监管+检测，维护正常市场秩序；二是孵化中心+电商园区，建设新百丰羊绒（电子）交易中心，吸引国内近200家企业进行羊绒电子交易；三是建立B2C模式的"清河羊绒"网、O2O模式的"百绒汇"网，100多家商户设立了网上店铺；四是实施品牌战略，12个品牌获中国服装成长型品牌，24家羊绒企业跻身"中国羊绒行业百强"。

二、一县一品生态经济模式

"一县一品生态经济模式"是以某一品类农村特色产品或品牌为起点，以县区企业、政府、社会组织、区域带头人为宣传载体，多维度、系统化地通过在线上和线下塑造本地化地域品牌，即风采一品、领先一品、创新一品、榜样一品，通过一县一品为切入点，树立农村品牌，发展农村电商经济新模式，从而通过"一县一品生态经济"农村电商模式推动当地经济发展，将当地的特色产品通过电子商务推向全国乃至全球。此模式的典型代表是遂昌模式。

浙江省丽水市遂昌县，素有"九山半水半分田"之称，是个典型的山地县，以农业经济为主。2010年遂昌网店协会成立后，遂昌电子商务发展步入快车道。

遂昌模式的核心是服务商，即遂昌网商协会下属的网店服务中心，中心的核心业务有三块：整合可售货源、组织网络分销商群（以当地网商为主）、统一仓储及发货服务。

"遂昌模式"（图2-1）的具体运作是：服务中心整合全县的优质农产品，将供应商的优质农产品做成产品包（图片、描述等）放到线下的"产品展厅"和线上的"网络分销平台"，而后组织网商形成网络分销群体，网商们不需进货和仓储，只需从"分销平台"挑选自己意愿销售的产品图片放到自己的网店即可开始销售，而产品仓储及售后发货全部交由服务中心完成，实现了网商们零库存经营，推动实现

笔记处

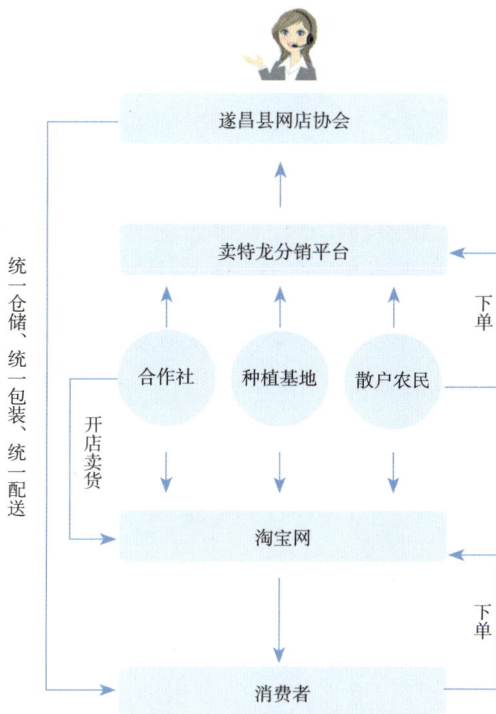

图2-1　遂昌模式

了各环节的社会化大协作——农户、合作社只管做好生产，加工企业只管做好加工，网络分销商只管做好推广销售工作。

三、集散地生态经济模式

"集散地生态经济模式"是利用区位和交通便利的优势发展物流产业，通过物流发货的高性价比，吸引大批有实力的企业聚集于此发展电商产业，从而形成"集散地模式"，带动当地电商及区域经济的快速发展。该模式的主要特征包括独特的区位优势、发达的仓储物流、完善的电商体系、较强的整合当地资源的能力。此模式的典型代表是武功模式。

武功县地处关中平原西部，是新疆、青海和甘肃三省区东出的重要通道。武功县东距省会西安约70千米，距咸阳国际机场约50千米，西宝高速公路、陇海铁路、西宝中线、西宝北线和省道107穿境而过，交通十分便利。这里地势平坦开阔，地理位置优越，是关中地区重要的交通枢纽和物资集散地。

历经多年探索实践，武功县抢抓"互联网+"和"一带一路"重

笔记处

大机遇，定下了打造西北地区电商人才培训基地、优势电商企业聚集地、西北农特产品物流集散地的发展目标。

从2013年起步至今，武功县电商产业取得了翻天覆地的发展。武功县凭借"买西北、卖全国""买全国、卖世界"电商发展模式，在淘宝农产品电商50强县榜单中，排名全国第五、西北第一。汇聚电商企业383余家，发展农村电子商务服务点105个，培育个体网店1200多个，引进快递企业40余家，微商从业人数3200余人，日均发货量18余万单，高峰期可达30万单，日交易额2000余万元。2021年，该县网络零售额达50.59亿元。武功县成为名副其实的"中华农都·电商新城"。

四、全县微营销的生态经济模式

甘肃省陇南市成县农林产品丰富，有大约50万亩核桃林。从2013年开始，成县县委书记带头，四大班子、乡村干部齐上阵，利用微信、微博等平台进行营销，以核桃为单品突破，打通整条电商产业链，再逐次推动其他农产品电商，推动"成县紫皮大蒜""成县土蜂蜜""成县巴马香猪肉""成县手工挂面"等农特产品走向热销。

五、县域资源整合生态经济模式

吉林省白城市通榆县是典型的农业大县，农产品种类丰富。通榆县政府整合当地农产品资源，系统性委托给有实力的大企业进行包装、营销和线上运营，为通榆农产品量身打造"三千禾"品牌。同时配套建立电商公司、绿色食品园区、线下展销店等，开展全网营销，借助电子商务全面实施"原产地直销"计划，把本地农产品卖往全国。

六、淘宝村生态经济模式

淘宝村是阿里巴巴农村电商的重要战略之一。简单来说，"淘宝村"指活跃店铺在100家以上，或者活跃网店数量占当地家庭户数的10%以上，电子商务年交易额在1000万以上的村庄。淘宝村形成的

笔记处

产业集群效益，对于区域产业经济的拉动作用非常显著。

以深藏于江南青山绿水间的古朴小镇——湖州埭溪镇为例，自列入浙江省第二批特色小镇名单之后，以其独特、清晰的定位全力打造中国美妆小镇，先后得到省委、省政府的高度关注与肯定。埭溪镇加入了淘宝村计划，由专业的团队进行培训，得到店铺装修等指导服务，物流仓储形成一体化管理，使原本专业知识不精通、快递不方便的村庄的电子商务发展得如火如荼。

任务实训

拓展阅读

实训内容及要求

小组任务，每位成员从表2-1中选择1~2个案例，完成以下农村电商九个成功模式案例分析。

表2-1　农村电商成功模式分析

模式	代表地区	发展情况	成功原因
电商生态重构	浙江遂昌		
线上线下，一带一馆	浙江临安		
打造区域电商服务孵化器	浙江丽水		
借助地域优势	浙江桐庐		
摒弃传统+顺势而为	河北清河		
新农村包围城市	山东博兴		
电商倒推产业转型	浙江海宁		
政府当先，亲民为民	吉林通榆		
县域电商到电商经济的跨越	陕西武功		

笔记处

任务评价

请完成任务后填写表2-2。

表2-2 农村电商成功模式分析任务评价表

组别	成员	技能要求	掌握情况								
			自评			组评			师评		
			熟练	基本	没有	熟练	基本	没有	熟练	基本	没有
		资料查找									
		模式分析									
		汇报展示									

笔记处

任务二　农村电商实践

一、农村电子商务平台代表

（一）阿里巴巴

阿里巴巴"三板斧"建立专属农村电商生态系统。2010年，阿里在淘宝网上线了"特色中国"板块，尝试让农民将具有地方特色的产品在网上售卖。2014年10月底，阿里启动"千县万村"计划，计划在3~5年内投资100亿元，建立1000个县级运营中心和10万个村级服务站。近年来"淘宝村"的数量增长迅速，2022年全国28个省（自治区、直辖市）共发现5425个"淘宝村"，这表明我国农村地区已经成为继城市之后最大的网络销售市场。阿里的农村电商改变了农村传统的生活形态。

（二）京东

京东打造县级服务中心＋"京东帮"。京东作为电商巨头之一，自2015年加快了进军农村电商的步伐，推出了多种举措以加速渠道下沉。第一，推出了县级服务中心，积极推进农村电商战略。在被称为"农村电商启蒙年"的2015年，京东推出了县级服务中心并将其视为撬起新市场的杠杆。第二，设置"京东帮"服务点，突破农村电商发展"最后一公里"的问题。物流对电商发展的重要性不言而喻，京东最大的优势恰恰在于其自建的物流体系，这为电商下乡提供了极为强大的物流保障和竞争优势。在将渠道下沉作为集团的战略发展方向后，京东在2014年开始将仓储运营中心、配送站、自提点、自提柜等不断下沉到区县乡镇。

（三）苏宁

苏宁发挥门店优势，推动农村电商O2O模式落地。苏宁易购集团股份有限公司创办于1990年，总部位于南京，是中国商业企业的领先者，经营商品涵盖传统家电、消费电子、日用百货、图书、虚拟产品等综合品类。2014年，苏宁率先在全国开设第一家直营店。此后，苏宁不断加快农村市场拓展步伐，实现了工业品进村、农产品进城，并且实现线上线下相结合模式。截至2022年12月8日，苏宁易购全国共有9796家门店。

笔记处

（四）拼多多

拼多多推出助农计划。向农业深耕是拼多多出发的地方，其最早以农产品零售起家，并提出"农地云拼+产地直发"的运营模式，将分散的农业产能和分散的农产品需求在云端结合，形成一个虚拟的全国市场。2015年拼多多成立后，不断促进农业农村的现代化和数字化，因为一个高效、有韧性、可持续且充满活力的农业，能够让价值链上的各方受益。

拼多多的助农计划，在田间地头都掀起了活力。据拼多多发布的《2021新新农人成长报告》显示，以"95后"为代表的"新新农人"已经成为推动农产品上行的崭新力量。

拼多多成立7年多，用户数已经突破8.69亿，业绩突飞猛进的同时，也越来越"土"、越来越向着农业深耕。截至2021年10月，平台"新新农人"数量已达12.6万人（图2-2），在涉农商家中的占比超过13%。其中，女性占比超过31%，达到39060人；"00后"占比超过16%，达到20160人。以农产品为基本盘，拼多多在助推农研的道路上将走得更远。

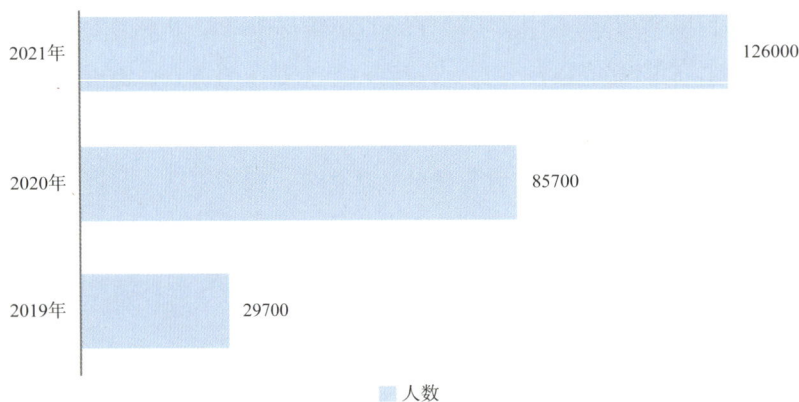

图2-2 拼多多平台"新新农人"数量

（五）以"中农网"为代表的农村电商平台

细分市场，助力农村电商发展，中国农产品网是专业服务于全国农业企业（经济主体）、提供农副产品（含农资、农机类产品）网上展销、自由交易和团购的农业B2B电子商务网站。中国农产品网是专业化的网上农产品交易服务平台，为涉农企业和个体经营者提供大容量和迅捷的网上网下商务贸易服务，自推出以来，以其独具特色的

笔记处

运营和服务模式吸引了大量用户的加入，创造了无限农贸商机，成为网上农业商务的首选，被称为"永不闭幕的网上农贸市场"。

同阶段活跃在市场上的农村电商平台还有社淘、惠农网、乐村淘、日日顺乐农、村村通商城、云特产商城、中国土特产网、中国特产网、土大姐特产商城等。这些农村电商平台正在进一步细分市场，助力农村电商的发展。

二、农村电商面临的主要问题

（一）农村人才流失

年轻人更向往大城市的生活，而留在家的中老年人不熟悉网络，另外，大部分专业人员不能忍受艰苦的农村生活环境，不愿扎根农村，造成电商人才"只出不进"。

（二）农村缺乏专业的电商人才

农村的百姓一般文化程度不高，且没有受过专业的电商培训，因此存在信息技术能力不足的问题，严重阻碍了农村电商的发展。

（三）农村交通运输业不发达

大部分农村地区地广人稀，且有些农村处于路况复杂的山区或偏远地区，基础设施落后，因此除了中国邮政，一般的快递公司很少进入这些地区。

（四）制度有待完善

社会环境和相关法律制度需要优化和完善。我国在电商方面的法律制度有待完善，需要创造一个更加健康良好的信用环境。目前电商投资存在风险，阻碍了农村电商的发展。

（五）缺少知名品牌吸引顾客

农产品受气温、干湿度、时间等因素的影响比较大，在生产和销售运输等方面存在困难，并且随着市场规模的扩大，市场竞争激烈，在同类型产品竞争时，往往因缺乏品牌的加持而受阻等问题需要解决。

想一想

请针对目前农村电商发展面临的主要问题，查找资料，认真调研，给出你的解决方案。

笔记处

实训内容及要求

个人任务，访问各大电商平台，查询售卖农产品的店铺，从产品、经营状况、我的建议三个方面进行店铺分析（表2-3）。

拓展阅读

表2-3 各大电商平台的农产品店铺分析

平台	店铺名称	主营产品	运营情况	我的想法
淘宝				
天猫				
京东				
拼多多				
苏宁				

任务评价

请完成任务后填写表2-4。

表2-4 各大电商平台的农产品店铺分析评价表

组别	成员	技能要求	掌握情况								
			自评			组评			师评		
			熟练	基本	没有	熟练	基本	没有	熟练	基本	没有
		五大平台									
		代表店铺									
		问题分析									

笔记处

单元二　社交电商

随着互联网技术的不断深入，社交网络成为技术主流，互联网流量聚集社交化，社交平台成为电商入口，带货直播等新电商模式的出现将继续带动社交电商的发展，社交电商通过深度挖掘社交网络的商业价值，以全新的电商模式进入电商行业。

☑ 任务一　社交电商基础

一、社交电商的概念

社交电商是借助微信、微博等社交媒体，通过社交互动、用户自己生成内容等手段辅助商品销售，并将关注、分享、沟通、讨论等社交元素应用于电商交易过程的一种模式。简单地讲，通过时下流行的社交媒体和粉丝进行社交互动来拉动商品销售的电商模式就是社交电商。

> **讲一讲**
>
> 你用过哪些社交电商平台，分享一下你的使用经验和感受。

二、社交电商的特征及优势

（一）从"搜索式"到"发现式"，快速促成交易，提高转换率

传统电子商务时代，用户的购买行为一般是"搜索式"的，即用户在电子商务平台上直接搜索所需产品，这个过程目标非常明确，用户一般只会浏览自己需要的商品品类，"用完即走"。而社交电子商务的购物模式是"发现式"的，即把商品分享到用户的面前，用户的选择一般是有限的，同时通过低价、内容等方式，激发用户的购买欲望，是一种非计划式的购买行为，并通过信任机制快速促成购买，提

笔记处

高转化效率，最后通过激励机制激发用户主动分享的意愿，降低获客成本。

（二）基于用户个体的去中心化传播网络，为长尾商品提供广阔空间

在商品供给极大丰富的情况下，搜索排名对用户选择几乎产生了决定性影响。在马太效应下，流量不断向头部商品汇聚，传统电商表现出品牌化升级趋势，中小长尾商户在此过程中容易淹没在海量的商品大潮之中。在社交电子商务模式下，以社交网络为纽带，商品基于用户个体进行传播，每个社交节点均可以成为流量入口并产生交易，呈现出"去中心化"的结构特点。在他人的推荐下，用户对商品的信任过程会减少对品牌的依赖，产品质量好、性价比高就容易通过口碑传播，给予长尾商品更广阔的发展空间。

任务实训

实训内容及要求

小组任务，针对表2-5中指定的四种社交电商类型，每种选择一个平台进行平台运营模式和优劣势分析。

表2-5　社交电商产品及案例分析

产品	销售案例	基于平台	优势	劣势
母婴类				
服装类				
日用类				
生鲜类				

笔记处

💬 任务评价

请完成任务后填写表2-6。

表2-6　社交电商产品及案例分析任务评价表

组别	成员	技能要求	掌握情况								
			自评			组评			师评		
			熟练	基本	没有	熟练	基本	没有	熟练	基本	没有
		案例查找									
		平台概述									

笔记处

任务二 社交电商的主要类型

随着社交电商的兴起，越来越多的商家投入这种模式中，社交电商的类型也层出不穷，主要包含四种类型。

一、拼购类社交电商

拼购类社交电商是基于社交关系的团购低价和分享导向型电商，如图2-3所示，商家企业通过社交媒体分享的形式组队，让用户拼团砍价。用户拼团可以比单独购买优惠，通过低价吸引用户并积极传播分享，激活海量用户，以此达成销售裂变的目标。目前此类典型代表有拼多多、京东拼购、苏宁拼购和每日一淘等。

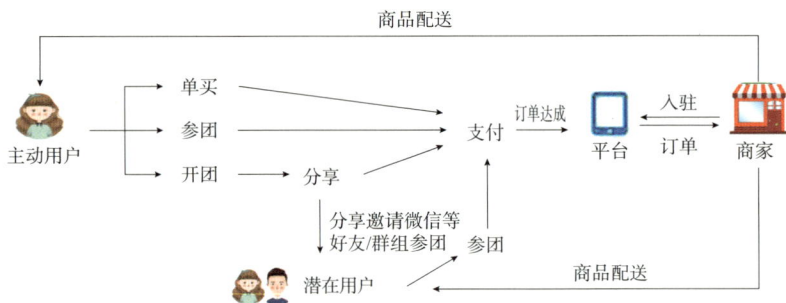

图2-3 拼购类社交电商

这种方法的优点在于能够成功激活二三线及以下的城市的流量获取，激发用户主动分享裂变，能够吸引流量，增加订单量，增长营业额。然而，低价最大的问题就是产品质量难以保障，如拼多多就不止一次出现产品质量问题，所以平台需要加强产品上传时的审核力度。

二、社交内容电商

社交内容电商是适用范围较广的社交电商模式，如图2-4所示，它的主要手段是将兴趣爱好相同的消费者集合起来，建立社群，然后推送高质量的内容增加消费者黏性，同时吸引更多的消费者访问。

社交内容电商主要通过内容驱动成交，需要持续不断地输出高质

笔记处

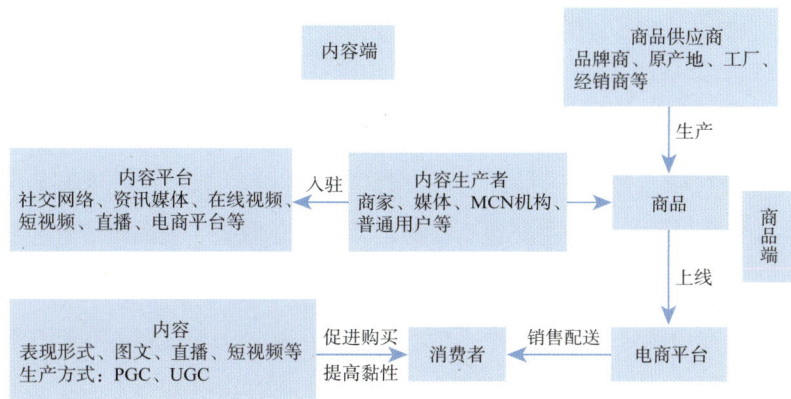

图2-4　社交内容电商

量的内容，提高转发率和复购率，如针对社群成员共同的消费痛点创作品牌或商品的营销文案。内容输出必须以消费者为中心进行思考，尽量满足消费者的需求。目前比较典型的社交内容电商平台有抖音、小红书、TikTok等。

社交内容电商的优点在于用户有着共同的兴趣爱好，用户忠诚度高，活跃度高，方便制订精准营销计划，实现最大化变现。然而，这种模式需要持续输出优质内容来满足用户需求，对平台运营要求高。

三、社交零售电商

社交零售电商是以个体自然人为基本单位，通过社交媒体，利用个人社交人脉圈进行商品交易及提供服务的新型零售模式。这类模式一般通过整合商品、供应链和品牌，开设自营店，同时开发线上分销商，招募大量个人商家，进行商品的一件代发，最终形成分销裂变。

与传统线下实体零售一样，社交零售电商的盈利来源是商品的渠道分销利润，区别在于线下实体零售主要以实体店作为渠道载体，社交零售电商以个体自然人作为渠道载体，并且利用互联网及社交网络提高渠道运营效率。目前比较典型的社交零售电商平台有云集微店、贝店、全球优选等。

社交零售电商的优点在于通过数据智能化保证了产品的质量以及售后服务问题。同时，通过社交圈实现低成本传播裂变。然而，该模式存在较大法律风险，有可能因分销层级不清而陷入"传销"争议。

笔记处

四、社区团购

社区团购模式也是S2B2C的一种，如图2-5所示。社区团购平台提供仓储、物流、售后支持，由社区团长（一般是社区便利店店主）负责社区运营，主要包括社群运营、订单收集、商品推广和货物分发。

社交电商最大的区别是去中心化，利用私域流量传播进行销售转化。人是社交电商的核心，以人为中心，所有社交电商不能单纯理解成通过社交软件进行带货，重点是通过社交媒体场景进行商品的分享。

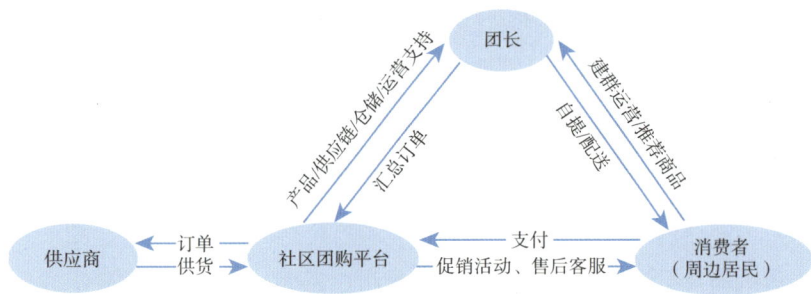

图2-5　社区团购

任务实训

实训内容及要求

个人任务，针对表2-7中指定的四种社交电商类型，每种选择一个平台进行平台运营模式和优劣势分析。

表2-7　社交电商类型分析

类型	代表平台	运营模式	优势	劣势
拼购类				
内容类				
零售类				
社区团购				

笔记处

任务评价

请完成任务后填写表2-8。

表2-8 社交电商类型分析任务评价表

组别	成员	技能要求	掌握情况								
			自评			组评			师评		
			熟练	基本	没有	熟练	基本	没有	熟练	基本	没有
		四种类型									
		代表案例									
		平台分析									

笔记处

单元三　内容电商

任务一　内容电商基础

一、内容电商的概念

内容电商是以优质内容为核心，通过图文、音视频、直播等形式，将销售场景内嵌到信息阅读过程中，与核心目标群体建立情感链接，实现商品随内容同步转换的营销模式。它是电子商务的一个分支，其本质是一种"内容营销"，也就是通过"内容营销"的方式来销售商品。因此无论什么形式的内容营销，只要是通过内容使消费者产生购买行为的商业模式，均可称为广义上的"内容电商"。

二、内容电商的发展历程

（一）2012~2014 年：起步期

互联网发展迅速，随着微博、微信公众号逐渐成为用户常用的社交软件，今日头条、知乎、小红书等社区化内容软件出现在大众视线中，各大平台开始探索变现模式，内容电商模式崭露头角。

（二）2014~2018 年：探索期

基于现有的社交流量探索电商模式，与传统电商相比，内容电商能够从多维度向用户输出产品内容，以关键意见领袖（KOL）为核心，以社交互动汇集具备相同需求的用户，精准激活、留存以及转化目标用户。

（三）2018~2019 年：成长期

社交平台接入电商巨头，通过社交与电商的相互协同，解决双方平台短板，推动内容电商变现的发展，实现利益最大化。2018年抖音开始关联淘宝产品链接，2019年5月，快手与拼多多达成合作。

（四）2019 年至今：爆发期

内容电商全面发展，社交平台与电商融合程度不断加深，包括微

笔记处

博、微信、抖音等社交平台加速布局直播电商，打造"内容+直播+电商"的完整产业链。

三、内容电商的主要特征及核心

（一）内容电商主要特征

1.精准营销

内容型社交电商中的运营主体通过结合用户的兴趣爱好以及需求痛点，带上明显的共同标签吸引用户，以"社交互动+使用场景"的内容输出可以激发用户兴趣以及传播欲望，增加用户黏性，提高用户转化率。

2.搭建完整运营模式

内容型社交电商最主要的价值是内容，内容质量决定了变现能力，运营主体需要快速、高水平的内容输出能力，账号定位、经营策略以及文案推广需要专业的策划能力。

3.多种形式触达人群

内容电商的形式非常多样，通常以内容为纽带触达人群，获得消费者，给予消费建议引导消费的电商。典型代表有淘宝头条、礼物说、清单、小红书等。

（二）内容电商的核心

在内容电商中，优质的内容才能吸引消费者注意，提高产品的销售率，而内容由内容生产者或平台运营者创造，所以，内容电商的核心分为内容生产者和优质内容两部分。

内容生产者即创作内容的主体，内容生产者的身份、专业性、人格魅力等都会影响内容电商的最终表现。

优质内容指内容生产者通过对商品的整体把握与评估，生产出包含消费场景、商品性能等基本信息在内的、可读性与趣味性较强的、能够使消费者最终完成购买的内容文本，文本类型包括但不限于图文、直播、短视频等。内容文本的基本要素至少应包括购物场景与商品使用场景的构建、商品性能与优点的详细介绍及核心目标群体关注的领域信息。内容电商运营逻辑的基点在于通过优质内容引起核心消费群体的消费欲望，促进消费行为。因此，优质内容是内容电商的核心，也是其竞争力所在。

笔记处

实训内容及要求

个人任务，每位成员从以下七种产品中任选一种（选择商品下方打√），在任意内容电商平台中选择一篇相关的推广软文、短视频或图文，对其效果进行分析，借此理解内容电商的内涵（表2-9）。

表2-9 产品推荐软文框架分析

可选商品		红枣	连衣裙	洗面奶	手机壳	运动鞋	手链	玩偶
图文标题								
正文框架	开始							
	产品引入							
	产品介绍							
	结尾							
来源平台								
数据分析								
意见								

任务评价

请完成任务后填写表2-10。

表2-10 产品推荐软文框架分析任务评价表

组别	成员	技能要求	掌握情况								
			自评			组评			师评		
			熟练	基本	没有	熟练	基本	没有	熟练	基本	没有
		软文选择									
		内容分析									
		数据分析									

笔记处

📋 任务二　内容电商运营模式

一、基于UGC的内容电商

UGC（全称）User Generated Content，用户生产内容。基于UGC的内容电商指内容平台通过各种分成或者激励政策吸纳内容创作者加入，并积极进行内容原创，使用户在阅读内容的过程中实现内容变现。

在UGC模式下，内容平台本身不生产内容，负责主导内容的聚合、分发、变现及利益分成，内容生产者往往依附于平台，负责生产各种图文、视频或者直播等内容。我们常用的微博、朋友圈、知乎、贴吧、论坛、SNS等产品，都是UGC型，用户通过自己的关注列表形成各自的信息流，内容上用户自己生产、自己消费。

下面以今日头条为例，分析基于UGC模式的内容电商（表2-11）。今日头条是一款基于数据挖掘的推荐引擎产品，为用户推荐有价值的、个性化的信息，连接人与信息的新型服务平台。今日头条以用户为中心，根据其年龄、职业、地理位置、阅读行为等基本信息挖掘出兴趣点，通过社交行为分析，解析用户关注点，通过用户行为分析，更新用户兴趣模型，建立用户的基础兴趣图谱，完成"千人千面"内容电商的个性化资讯推荐。

表2-11　今日头条和UGC模式

环节	主要形式	运作模式
内容构成	图文+短视频+问答+微头条	UGC平台自身不生产内容，让用户在平台中生产内容
内容分发	今日头条的内容分发基于其大数据算法对用户进行个性化推荐。通过对海量用户数据进行深度挖掘，不仅能够为每个用户按兴趣推荐信息，还能为用户按照需求推荐产品 在丰富多样的实际应用场景中，利用海量数据及更为完善的训练样本让分发算法更加精准和科学，在人、数据、算法、内容之间形成完整的反馈闭环	通过大数据技术进行用户画像、品牌画像和场景画像，通过对各渠道内容进行分析，利用技术不断优化内容与用户的精准匹配，并结合合适的场景推荐相关品牌、产品的广告或者购买信息
内容变现	广告投放、线下引流利润分成、与电商平台合作运营	一方面，UGC平台通过各类广告实现内容变现。另一方面，积极探索直接商品销售的变现模式

笔记处

在 UGC 内容电商模式中，内容经过生产、分发和变现环节，在内容提供者与用户之间自由流动实现价值收益。UGC模式下内容的生产有三个要点。第一，跟着用户需求走，不要自娱自乐；第二，坚持原创，避免同质化；第三，打造个人IP，形成独特标签。

总而言之，要把UGC平台运营好，一方面需要产品人员和技术人员搭建有效的平台和渠道，另一方面需要运营人员和市场营销人员对目标用户进行招揽，引导用户的行为模式，形成完整有效的分布式管理方式。按照平台的战略定位来提供相关的内容并获得相关奖励，这样才能最终形成共生共赢的良好局面。

二、基于PGC的内容电商

PGC（Professional Generated Content，专业生产内容），从根本上筛选内容生产者，即首先保证内容的"高质量"。PGC和UGC的区别，是有无专业的学识、资质，在所共享内容领域是否具有一定的知识背景和工作资历。

PGC模式的产品也有很多，一般以比较严肃的内容为主，例如虎嗅App、36氪、人物、商业周刊还有一些区块链媒体专栏等。平台内容都很专业，需要约稿或者投稿，用户不能自己上传。PGC的内容门槛高，质量也很高，但是内容的数量会因为性质的影响产生瓶颈。

优酷是最早发力于PGC的视频网站之一。让PGC内容合伙人参与并建立起完善的PGC生态系统，从内容生产、内容推广，到品牌的形成、粉丝的汇聚，最终形成内容品牌被粉丝反哺并进行自推广的整套生态闭环。从商业上来看，优酷让优质内容形成品牌价值，再通过价值变现让创作者更专注内容创作。优酷推出的视频创收平台中多个节目获得巨大成功。我们以《罗辑思维》产品为例，研究其内容生产与布局方式（表2-12）。

笔记处

表2-12 《罗辑思维》产品案例

内容产品	简介	影响	形态	传播平台
《罗辑思维》公众号	2012年12月21日—2022年12月21日，每天早晨推送一条60秒语音，语音结束时一般会提供一个关键词，回复关键词即可阅读相应文章。文末加一小段名为"罗胖曰"的感悟	每天早上6：30推送语音，体现"人生伴侣"的定位	语音+图文	微信
《罗辑思维》脱口秀	在节目中，罗振宇分享个人读书所得，畅言古今，点评当下。每周一集，每集约45分钟	核心内容之一。累计播放量过亿，集均播放量超过百万，评论数很多	视频	优酷、网易
《罗辑思维》图书	《罗辑思维》节目汇编	曾3天内预售超过3000本，位居当当、亚马逊、京东畅销书排行榜前列；30天内5次再版，引发媒体关注	图书	书店（线上线下）
《罗辑思维》微刊	《罗辑思维》微信公众账号的电子杂志版，是其推送内容的集合	出过若干期	电子书	阅读客户端
《得到》知识付费学习软件	致力于帮助用户碎片学习、终生学习，并帮助多行业头部专业人士进行个人能力价值变现的内容付费平台	内容付费领域的明星产品	音频+电子书+实体书	App

通过对PGC运作模式进行案例解析，发现PGC模式有四个特点。

第一，以专业的态度生产内容。在自媒体时代，用户可以接触到的内容越来越多，观众的层次、偏好范围很广，因此，内容的质量已经不是吸引用户的唯一因素。能够激发用户共鸣、引发用户认同感的内容，才具有稀缺性。

第二，将"受众"视作"用户"。通过丰富的互动增强用户的参与感，与用户进行情感连接。当今优秀的内容电商，除知名媒体人以及在创业后才成为名人的媒体人外，还有来自各个领域的自媒体品牌，如儿科医生、育儿百科畅销书作家崔玉涛创办了专业育儿类App"育学园"，母婴"网红"何梦媛创办了母婴达人分享社区型电商平台"因淘优品"，女性励志畅销书女王王潇创办了女性社群电商"趁早"，这些都是因为与用户进行了直接的情感连接。

笔记处

第三，将"做媒体"转变为"做产品"。纵观《罗辑思维》的发展，包括提供免费的内容、筛选核心用户群体、以核心用户群体的势能带动产品更新迭代进而一步步完善产品，更多地体现出了互联网产品的特征。

第四，探索适合自己的商业模式。每一个 PGC 内容电商经营者，其目标用户定位必定有自己的特色，具有独特性，找到适合自己的模式才可能成功。

三、内容电商的优势和劣势

传统电商销售模式往往通过低价爆款的方式获取流量从而产生销售，品牌商从工厂直接到消费者，省略中间环节，让利消费者。随着各类电商平台的成熟化，当前网购用户规模和网购使用率正在逐渐饱和，电子商务将从粗放式的流量运营过渡到精细化的用户运营阶段，网红、自媒体、社群和垂直社区等都是基于内容的新型流量获取方式，将提升企业用户获取的效率和价值。

（一）优势

内容电商的优势主要有三个方面。第一，区别于以往的内容广告变现，当下内容电商的变现模式，实现了内容价值的真正释放。在一篇文章里，内容中的核心价值理念以及消费观念的价值，将通过信息传播的方式直接传达到其目标用户受众，通过内容的影响力和购物引导，直接实现交易达成，真正实现内容传播全链条，包括内容生成、传播、影响、交易的全过程，真正发掘了内容本身的价值。第二，有价值的内容将沉淀消费行为，通过内容影响消费决策，提高流量转化率。第三，内容电商适合用来推广单价偏高、非刚需的商品，而且用户的黏性较高，一旦对某种内容或者社区产生感情就会长久信任。

（二）劣势

内容电商的劣势主要有三个方面。第一，内容社区需要慢慢耕耘才能反哺电商，因此一开始要投入大量的人力、物力和财力成本。第二，内容电商要考虑用户体验，商品过多反而会导致成交量不足。另外，内容未必能满足所有人的需求，转化率也会受限。第三，内容爆量可遇不可求，所以内容电商的转化效果不够稳定。

笔记处

想一想

浏览下列 App，分享有价值的"内容"。

小红书　今日头条　知乎　蘑菇街　抖音

任务实训

实训内容及要求

小组任务，每位成员从表2-13中选择1~2个案例，完成以下内容电商平台深度解析，掌握内容电商的主要特征，掌握内容电商化和电商内容化两种运营模式。

表2-13　内容电商平台解析

平台	运营模式	账号举例	内容亮点
小红书			
今日头条			
知乎			
订阅号			
微博			
蘑菇街			
哔哩哔哩			

任务评价

请完成任务后填写表2-14。

表2-14　内容电商平台解析任务评价表

组别	成员	技能要求	掌握情况								
			自评			组评			师评		
			熟练	基本	没有	熟练	基本	没有	熟练	基本	没有
		两种类型									
		代表案例									
		平台分析									

笔记处

单元四　新零售电商

互联网电子商务的出现造成实体企业的经营难度加大。在寻求转型的过程中发展出新零售商业模式。

任务一　新零售电商基础

一、新零售电商的概念

新零售即企业以互联网为依托，通过运用大数据、人工智能等先进技术手段，对商品的生产、流通与销售过程进行升级改造，提高运营效率，降低运营成本，进而重塑业态结构与生态圈，并对线上服务、线下体验以及现代物流进行深度融合的零售新模式。新零售是以消费者体验为中心的数据驱动的泛零售形态，利于与消费者建立长期合作，增加消费者黏性。

新零售的核心是数据。只有数据，才能实现对消费者的识别、洞察、服务，才能对零售业的三要素——人、货、场进行重新构筑，产生与传统零售完全不同的零售新生态。

二、新零售的主要特点

（一）全渠道

全渠道是新零售的首要特征，线上线下从对立统一变为相互融合，电商和实体店的区别变小。真正的新零售应是电脑端网店、移动App、微信商城、直营门店、加盟门店等多种线上线下渠道的全面打通与深度融合，商品、库存、会员、服务等环节贯穿为一个整体。

（二）企业生成更加科学与智能化

新零售是数字化和智能化的，企业引用互联网先进技术和思想，实现顾客、商品、营销、交易等环节的数据化管理，能够实现用户画像精准构建和行为预测分析等。通过线上和线下相结合，需求与生产

笔记处

供给信息相互融合，从生产到消费可以通过大数据等科技手段进行预测，从而控制产能，全面消除企业库存，提高效益。

（三）体验式消费和个性化服务融入消费生活

"新零售"时代的门店不同于传统的门店，在消费需求差异明显的情况下，一些个性化、创新的消费模式将更受欢迎，如利基品牌的买方店铺模式和苏宁小店模式。门店不仅具有商品陈列和销售的功能，更应富有体验的功能，同时是社交、教育的场所。随着消费体验的优化，消费者购买力将得到提升，企业也将从中受益。

（四）线上订单超过线下订单

国家统计局统计数据显示，2022年全国网上零售额137853亿元，实物商品网上零售额119642亿元，增长6.2%，占社会消费品零售总额的27.2%。在实物商品网上零售额中，吃、穿、用三类商品分别增长16.1%、3.5%、5.7%。在新零售时代，更多科技产品将应用在零售场景中，企业在线上与顾客建立连接，比如App、线上商城的使用可以扩大店铺的幅员，同时会培养顾客的线上购物习惯，随后线上订单必将超过线下订单。

任务实训

实训内容及要求

个人任务，任选个人比较熟悉的新零售平台，从渠道、管理、体验和主要订单方面分析其特点（表2-15）。

表2-15 新零售电商平台特点解析

平台	
渠道	
管理	
体验	
主要订单	

笔记处

🗨 任务评价

请完成任务后填写表2-16。

表2-16　新零售电商平台特点任务评价表

组别	成员	技能要求	掌握情况								
			自评			组评			师评		
			熟练	基本	没有	熟练	基本	没有	熟练	基本	没有
		平台选择									
		特点分析									

笔记处

任务二　新零售商业模式

一、新零售的商业模式

从零售到新零售，多的不仅是新的销售场景、新的商家与消费者关系、新的供应链流程，产业带来变革的同时，消费者也将从新零售中获益，享受更高效的服务、更优质的产品。新零售目前比较典型的商业模式有五种。

（一）平台渠道模式

平台渠道模式指区域内的多个商家加盟网站，可称为 C2C 商业模式。典型的例子有京东到家、饿了么商超频道、美团外卖商超频道。以京东到家为例，京东到家与连锁便利店合作，主要有三部分收入，一是 6000 元每年的网站操作费和 60000 元的保证金，二是 3%~10% 的销售扣点，三是收取顾客的配送费，一般为 2~8 元。这就需要企业掌握在单量和投入间的平衡。

（二）前置仓商业模式

前置仓商业模式下，每个门店都是一个中小型的仓储配送中心，总部中央大仓只需对门店供货。消费者下单后，商品从附近的零售店里发货，而不是从远在郊区的某个仓库发货。简单来说，前置仓是在离消费者较近的地方，租赁社区底商或小型仓库，密集构建在社区周边（一般为 3 公里内），将生鲜、快消品直接存储其中，用户下单后 1~2 个小时就能配送上门，主要满足中高线城市消费者对便利（快）、健康（好）生鲜食杂的需求。盒马鲜生、妙生活、天天果园、每日优鲜、U 掌柜等都曾经或正在使用这个模式。

（三）单店赋能商业模式

永辉生活 App、多点、大润发优鲜都是单店赋能商业模式，打开 App 直接进入某个实体店的线上商店，而不是先选实体店后再选商品。

（四）新业态便利店

新业态便利店分为线下部分和线上部分，线下部分的投入要靠线下销售和盈利支持，线上部分的投入靠线上订单的盈利支持，线下便利店本身是成熟的商业模型，只要选址和经营能力足够强，就能够靠线下收入支撑实体店。

笔记处

新零售是线上与线下结合，组合的价值主要是线下为线上引流，降低引流投入，线下成为线上的体验店，提高转化和复购，线上和线下双渠道一起提高周转，提高效率，线上和线下虽然各自核算收入和投入，但相互之间能产生互促效应。

（五）泰山众筹模式

泰山众筹模式是2022年新零售市场上非常火爆的裂变营销模式，不同于以往的电商模式，它不以某个产品为销售核心，而是以众筹的形式获取用户，只要用户购买产品即可获赠积分，使用积分可参与泰山众筹活动，并获得对应奖励，这种形式门槛非常低，也容易激起消费者购物的兴趣，同时实惠了消费者，达到了引入流量的目的。

二、新零售的优势和劣势

（一）新零售的优势

新零售的优势主要有三个方面。第一，通过大数据可以精准把控消费者的购买行为和真实需求，数据统计分析更有效，成为企业做出经营决策的基础。第二，在智能技术和大数据的支撑下，商贸企业的供应链发生变化，通过对消费数据进行挖掘，实现按需生产，让消费者逆向引导供应链，直接解决库存积压的问题。第三，新零售适用多终端，满足市场逐渐多元化的需求。随着时代的发展，消费者的需求逐渐发生变化，零售业态随之发生变化，从"大而全"逐渐转型"多而精"，为消费者提供多元化的产品与服务。

（二）新零售劣势

新零售的劣势主要有三个方面。第一，新零售以出售用户体验为主，但是市场上如何通过细节升级提升消费者的消费体验，众商家也是仁者见仁，智者见智，新零售未来还有很长的路要走。第二，新零售通过大数据与商业逻辑的高度融合，实现以数据驱动决策。但对于大多数企业来说，数据难，数据分析更难，在数据基数有限的情况下，企业很难做出有效的决策。第三，在传统零售业中，市场主要以供应为主，而新零售主要以消费者需求为主，消费者需求瞬息万变，从供应链发展到需求链，显然不是短期内就能完成的事情。而习惯传统供应链模式的员工，很难在短时间内转变自己的思维与行为。

笔记处

做一做

在你所居住的城市，找一家新零售门店，如苏宁小店，了解其运行模式，对其进行盈利分析。

任务实训

实训内容及要求

小组任务，每位成员从表2-17中选择1~2个案例，完成新零售电商平台深度解析，掌握新零售的商业模式和优势和劣势。

表2-17 新零售电商平台解析

平台	商业及盈利模式	发展情况	未来趋势
京东到家			
天天果园			
每日优鲜			
永辉生活			
名创优品			
网易严选			
盒马鲜生			

任务评价

请完成任务后填写表2-18。

表2-18 新零售电商平台解析任务评价表

组别	成员	技能要求	掌握情况								
			自评			组评			师评		
			熟练	基本	没有	熟练	基本	没有	熟练	基本	没有
		五种类型									
		代表案例									
		平台分析									

笔记处

💬 学生自评表

编号	实训任务	技能要求	掌握情况		
			熟练	基本	没有
1	农村电商成功模式分析	熟悉农村电商常见的模式			
2	农村电商平台店铺解析	能够对不同农村电商平台及店铺进行分析			
3	社交电商类型分析	熟悉不同类型的社交电商			
4	内容电商平台解析	掌握常见的内容电商平台			
5	新零售电商平台解析	掌握常见的新零售电商平台			

💬 小组评价表（组长）

成员	各个实训任务技能得分					素养得分				
	1	2	3	4	5	自主学习	团队协作	创新意识	资源整合	工匠精神
备注										

小组名称：_____   组长：_____

💬 教师评价表

编号	实训任务	技能要求	掌握情况		
			A	B	C
1	农村电商成功模式分析	熟悉农村电商常见的模式			
2	农村电商平台店铺解析	能够对不同农村电商平台及店铺进行分析			
3	社交电商类型分析	熟悉不同类型的社交电商			
4	内容电商平台解析	掌握常见的内容电商平台			
5	新零售电商平台解析	掌握常见的新零售电商平台			

笔记处

编号	素养要求点	具体要求	学生情况		
			A	B	C
1	自主学习	能够借助网络资源查找学习更多电商知识			
2	团队协作	能够服从小组安排和成员协商完成小组任务			
3	创新意识	对于热点案例能够有自己独到的见解，对于问题能有更好的解决方法			
4	资源整合	能够进行资料整合，二次创作，具体问题具体分析			
5	工匠精神	对任务精益求精，追求最好的效果			

笔记处

一、单选题

1.（ ）可以促进电商行业的进一步发展。

A.降低物流运输成本　　　　　　B.产品质量问题频现

C.假货泛滥　　　　　　　　　　D.服务差

2.（ ）是以优质内容为核心，通过图文、音视频、直播等形式，将销售场景内嵌到信息阅读过程中，与核心目标群体建立情感链接，实现商品随内容同步转换的营销模式。

A.农村电商　　　　　　　　　　B.跨境电商

C.内容电商　　　　　　　　　　D.社交电商

3.拼购类社交电商是基于社交关系的团购低价和分享导向型电商，主要形式有（ ）。

A.开实体店　　　　　　　　　　B.用户拼团砍价

C.建群　　　　　　　　　　　　D.发微博

4.（ ）不属于社交内容电商。

A.小红书　　　　　　　　　　　B.礼物说

C.知乎　　　　　　　　　　　　D.淘宝网

5.不属于农村电商的特点是（ ）。

A.市场前景非常广阔　　　　　　B.消费者趋向年轻化

C.农村创业者以30~39岁为主　　D.农村电商区域布局不均衡

二、多选题

1.内容电商常见平台有（ ）。

A.小红书　　　　　　　　　　　B.抖音

C.今日头条　　　　　　　　　　D.微博

2.新零售的新主要体现在（ ）方面。

A.线上线下融合　　　　　　　　B.以大数据为支撑，管理更加科学

C.更注重用户的体验　　　　　　D.消费者逆向引导供应链

3.内容电商的核心是（ ）。

A.内容生产者　　　　　　　　　B.优质的内容

笔记处

C.运营平台　　　　　　　　D.消费场景

4.生鲜电商物流的特点有（　　）。

A.对温度等技术要求较高　　B.产品损耗率高

C.风险性高　　　　　　　　D.成本较低

三、简答题

1.除教材中给出的四种电子商务模式之外，你还能列出哪些新兴的电子商务模式？

2.列举三个你用过的内容电商平台，说一说内容电商的重点应放在哪里？

3.你参与过哪些社交电商类型？比较它们的优势和劣势。

四、思考题

1.查找资料并调研，请针对农村电子商务发展中遇到的问题给出相应的解决方案。

2.列举1~2个新零售模式案例，分析其盈利模式。

课程思政【服务三农】 ▶▶▶

党的二十大报告中指出，把"全面推进乡村振兴"作为新时代、新征程"三农"工作的主题，提出要"扎实推动乡村产业、人才、文化、生态、组织振兴"。作为一名电子商务专业学生，应充分运用自身专业知识，围绕农产品销售，以改变家乡为己任，用专业知识助力乡村振兴。

【看】我和我的家乡，你和你的感悟

学生课下自行观看电影《我和我的家乡》，按小组顺序，每组负责一个单元故事，分享小组成员感悟。

【拍】我的家乡我代言，最美乡村迎你来

以小组为单位，选择一名成员的家乡为其制作宣传视频，素材可自行拍摄也可网络收集，要求从美景、美食、地域文化、农业等方面展现家乡特色，培养学生家乡自豪感。

笔记处

【玩】五彩缤纷农产品，你来解释我来猜

以小组为单位，每组两人，限时两分钟，要求从农产品的产地、颜色、喜爱人群、主要经营渠道四个方面进行产品猜测，依据猜对个数进行排名奖励。游戏结束后，教师可以引导学生课下搜集资料，了解家乡农产品的主要销售渠道，树立学习知识为改变家乡而奋斗的目标。

【读】真实感人励志故事，了不起的中国农民

真实发生的农民故事，有深耕沙漠、坚持治沙种红枣的退伍军人，也有照顾村中老人的特殊快递员，有身残志坚的"榛子大王"，也有"感动中国"靠双手改变命运的坚强夫妻，十个故事，让我们更深层次地了解中国农民，为他们而骄傲，为自己是农民的孩子而自豪。

阅读完之后你有什么感悟，小组成员之间互相分享。

拓展提升

案例1　光山县的电商扶贫之路

信阳光山县位于河南省东南部、鄂豫皖三省交界，是革命老区、国家级贫困县和大别山片区县。2013年以来，光山县积极探索实践"电商+扶贫"模式，培养农民"触网"创业，大力开展电子商务进农村综合示范工作，打造出"电商+产业+服务"的光山电商模式，探索出一条"政府引导、部门协同、企业承担、全民参与"的发展新路子。目前，全县电商从业人员逾6万人，电商企业1100多家，年线上销售额达50亿元。

光山县让困难群众在互联网上实现增收，在村"两委"和驻村第一书记的推动下，村里成立了电商服务中心，引入了"金融e站""邮乐网"等多个电商平台，又在村里增设了物流快递网点，让电商网络距离村民更近一步。

杨长太是光山县东岳村四方景家庭农场的党支部书记，2015年8月，脱贫大半年的杨长太流转600多亩土地，成立了四方景家庭农场，并在家庭农场成立党支部，探索出"支

笔记处

部＋农场＋电商＋脱贫户＋产业联盟"的发展模式，成立了四方景家庭农场产业联合体。东岳村从淘宝电商起步，发展到现在的直播带货，2018年时农特产品销售不足50万元，现在每年都有约1000万元的销售额。

东岳村还适时开展"大咖教你卖农货"活动，邀请"网红"现场授课，手把手教村民登录平台、开通直播、推介产品。近两年来，东岳村搭上了网上销售的快车，村里一半以上的农副产品经过电商销售出去，销售额累计已有1000多万元，电商成为带动老区群众致富的好途径。2021年以来，东岳村农产品依托京东、抖音、832平台、云书网等互联网销售渠道外销突破800万元。村里的糍粑、麻鸭蛋、山茶油等产品依靠电商、快递出了村、进了城，带动农民增收，打通了致富路。不仅是在东岳村，整个光山县都在探索创新电商发展新路径，让困难群众在互联网上实现增收。

光山县129名电商达人带动周边516户困难户参与电商经营，年收入达2320万元，先后涌现出"百花女王"周福蓉等典型。周福蓉把全村131户脱贫户组织一起，建立了晏河电商公社，自任社长。除了将自家产品卖向全国，还帮周边的农户网销土鸡、土鸡蛋、野芹菜等，带动困难群众稳定增收。

光山县先后荣获"全国电商特别县""全国电商消贫十佳县""国家扶贫组织创新奖"等称号。光山电商还受到国家领导以及省委省政府领导的肯定。中央电视台《焦点访谈》、新华网、河南电视台《脱贫大决战》、河南日报等媒体，先后多次宣传报道了光山县电商扶贫的典型做法和成效。

思考题

电商扶贫是近几年党和国家非常重视的一项举措，你熟悉的案例还有哪些？你认为电商扶贫重点应关注的是农民还是产品？

笔记处

案例2　京东迎来"京喜"时刻

京喜是京东旗下2019年9月上线的社交电商平台，借助微信和QQ两大社交平台的巨大流量优势接入购物一级入口。京喜依靠社交平台的"熟人分享"优势，精准把握下沉平台用户更信赖周边熟人分享推荐的心理特征，降低用户的疑虑感，促进用户在平台消费。

作为京东实施下沉市场战略的重要业务之一，京喜上线后，通过60多种社交方式联动消费者参与"京喜工厂""京喜农场"等源头造物、产物活动，以玩法加福利精准渗透用户，连通私域与公域流量，从而实现快速裂变，提升商家的转化率。

平台用户邀请好友成为新用户并在首次下单收货成功后获得相应返利提现，邀请新用户越多，获取返利越多。通过这种激励手段，用户自发分享推广能够高效为平台引流获客。京喜拼拼为京喜核心模块，涉及全品类商品。通过平台进行拼团活动，享受平台商品独有的拼团价格，采用商品预售、指定就近送货至自提点进行商品自提的方式。可以自行发起拼团和参与别人拼团，较为自由，拼团成功以后所购商品由京喜统一进行配送。京喜在App内植入一系列丰富的社交互动方式，依托于社交用户间的邀请与分享机制进行针对性设计。用户通过参与简单的小游戏，完成一系列好友互动任务，获得一定的实物或者优惠券、红包等奖励。此外，还有邀请好友等活动的设计，激发了用户之间社交传播的兴趣，逐渐形成借助京喜聚拢到一起的用户社区。

京喜作为新兴社交电商平台，自正式上线以来发展迅猛。据统计，京喜为京东带来近40%的新用户，其中大部分是三、四、五线城市用户。京东不仅在下沉市场开拓了一个新平台，又为自身带来流量，一举两得。在传统电商流量成本日益增高的情况下，"社交＋电商"的新模式也受到了越来越多人的欢迎。

笔记处

思考题

日常生活中你使用社交电商平台购物的频率高吗？你觉得它真正吸引你的地方是什么？

案例3　东方甄选的内容突围

2022年一次如往常一样的知识讲解让董宇辉带着东方甄选意外爆火，短短20天的时间里，东方甄选便涨粉将近2000万，6月带货的销售额6.81亿元，荣登带货榜第一名。东方甄选的成功，是2022年内容电商爆发的一个缩影，以抖音、快手为代表的内容电商，都取得了不俗的成绩。

东方甄选的脱颖而出，与其优质的内容密切相关，相比叫卖式带货直播，东方甄选内容风格文雅，创新了"直播带货＋线上教学"的购物模式，价值观和情怀非常打动人，满足了公众寓教于乐、实用化的需求。主播们旁征博引，融入英语知识、生活常识、地理知识、诗词歌赋等，直播间充满了文化气息，如介绍玉米产地时，会结合地理知识进行讲解；直播卖牛排能从英语单词"steak"的起源讲到维京海盗的历史……在东方甄选的直播间里几乎任意一个商品，都能被这些老师们赋予无限美妙的背景故事，再搭配中英文切换，吸引不少用户驻足观看，让他们在汲取知识的同时激发消费欲。

一年时间过去，东方甄选的粉丝总量已经突破3600万，总销量达1825万单，每个月基本上都荣登抖音带货榜前三名，成为抖音名副其实的头部带货账号。目前，东方甄选在快手、微信、微博、小红书等多个内容平台开设了账号，同时在主要的电商平台开设了店铺，并建立了独立App，进行全渠道经营。东方甄选能够凭借知识带货，从默默无闻到成为顶流，背后反映出的是内容电商的强势崛起。

笔记处

如今消费者越来越反感互联网营销套路，没有强有力的内容展现，很难触达消费者。如果说直播带货是大行其道的电商利器，那么带来巨大流量的内容电商则是企业发展的关键。东方甄选的成功到现在还能保持长红，也是直播带货从原来的"叫卖式"带货，向有趣、有知识、有内涵的内容带货转变的有力证明。

思考题

你曾因为被内容打动而产生过网购行为吗？

案例4　新零售先锋"盒马鲜生"

2016年阿里先后投资入股了银泰商业、三江购物、联华超市等知名传统零售企业，目的是扩充其线下的零售场景，将其归类到集团"新零售"的投资范畴。

2016年1月，第一家盒马鲜生在上海金桥广场开业，同时上线盒马鲜生App。

早期，为了验证"门店+电商"一体化模式是否能成功，盒马独立运营，并未借助阿里零售的力量加持，高品质生鲜、现场海鲜加工和科技感十足的场景，使这个"四不像"一时间成为上海"新宠"。盒马鲜生把自己定义为"以数据和技术驱动"的新零售平台，为消费者打造社区化的一站式新零售体验。其本质是对传统零售业和线上线下生鲜电商渠道整合的升级和改造，推动平台与顾客互动，实现价值创新与渠道整合。

作为全球新零售的开创者，盒马用数字化重构"人货场"，聚焦内需市场日益增长的新需求，创新了多种线上线下融合的新业态，致力于满足消费者对美好生活的向往和消费升级的需求。盒马通过数字化重构餐饮零售消费模式，将线上线下

笔记处

与现代物流融合，为消费者带来30分钟送达的智能购物体验。2019年，全国盒马销售额约400亿元，在中国超市百强榜上位列第六。盒马面向消费者终端的不同业态线下场景，可以为周边约3公里范围的居民提供无门槛、免运费、最快30分钟送达的服务，因此盒马线上到家服务覆盖的社区也叫"盒区房"。2020年，盒马推出社区团购模式，上线"盒马优选"，并成功进入湖北、四川、陕西等省份，同时，盒马鲜生天猫旗舰店也正式上线，这也意味着盒马将有机会触达全国7亿多的淘宝用户，线下线上的两手动作，都在加快盒马在下沉市场方面的渗透。

2022年是盒马新零售的成熟期，通过运营效率的提升和商品力的建设，盒马的业绩保持了高速增长，而公司的主力业态盒马鲜生也已经实现了盈利。盒马CEO表示，盒马已经迈入新零售2.0时代。他认为新零售未来将不再区分线上或线下，新零售2.0时代会真正实现二者一体化，随时满足用户的消费需求。

思考题

你觉得盒马鲜生和传统连锁超市的区别在哪里？

笔记处

笔记处

03

模块三

开启电商

2022年年初，杭州萧山区市场监管局接到店铺"楼外楼"举报，称在天猫平台发现一家"西湖楼外楼"旗舰店，涉嫌侵犯其注册商标专用权。通过调查发现，"西湖楼外楼"旗舰店的运营主体为杭州某网络科技公司，其于2021年年底开设"西湖楼外楼"旗舰店，在售的14个食品类礼盒商品的外包装、网页均标注"西湖楼外楼"，与"楼外楼"品牌商标近似，销售额在同类产品中排名靠前。据统计，开始销售至案发的一个月内，"西湖楼外楼"完成订单900多笔，销售1866盒侵权商品，经营额36.52万元，获利15.92万元。最终市场监管部门认为，"西湖楼外楼"旗舰店所售产品包括坚果、酱鸭等，自行装入标注"西湖楼外楼"字样的礼盒销售，其旗舰店的运营主体违反《商标法》第五十七条第二项的规定，对其网络销售侵犯"楼外楼"注册商标专用权商品的违法行为作出没收侵权产品、没收违得款和罚款的行政处罚。

请思考：在给网店起名时需要注意哪些规则？

教学目标

知识目标

1.了解不同电商平台的开店要求。

2.掌握淘宝店铺的开店要求和入驻流程。

3.掌握淘宝店铺名称设置的技巧。

4.掌握店标的设计制作方法与技巧。

5.熟悉店铺分类规划的方法和设置流程。

6.掌握店铺运费模板的设置流程。

技能目标

1.能够通过阅读官方文档在不同平台开设店铺。

2.能够根据要求完成店铺名称的设置。

3.能够设计制作简洁、独特、有代表性的店标。

笔记处

💬 素质目标

1.能够和团队成员协作，完成本职工作。

2.能够很好地解读各个平台的规则。

💬 思政目标

1.具备创新创业思维。

2.具备实事求是的价值观和求真务实的工作态度。

💬 知识导览

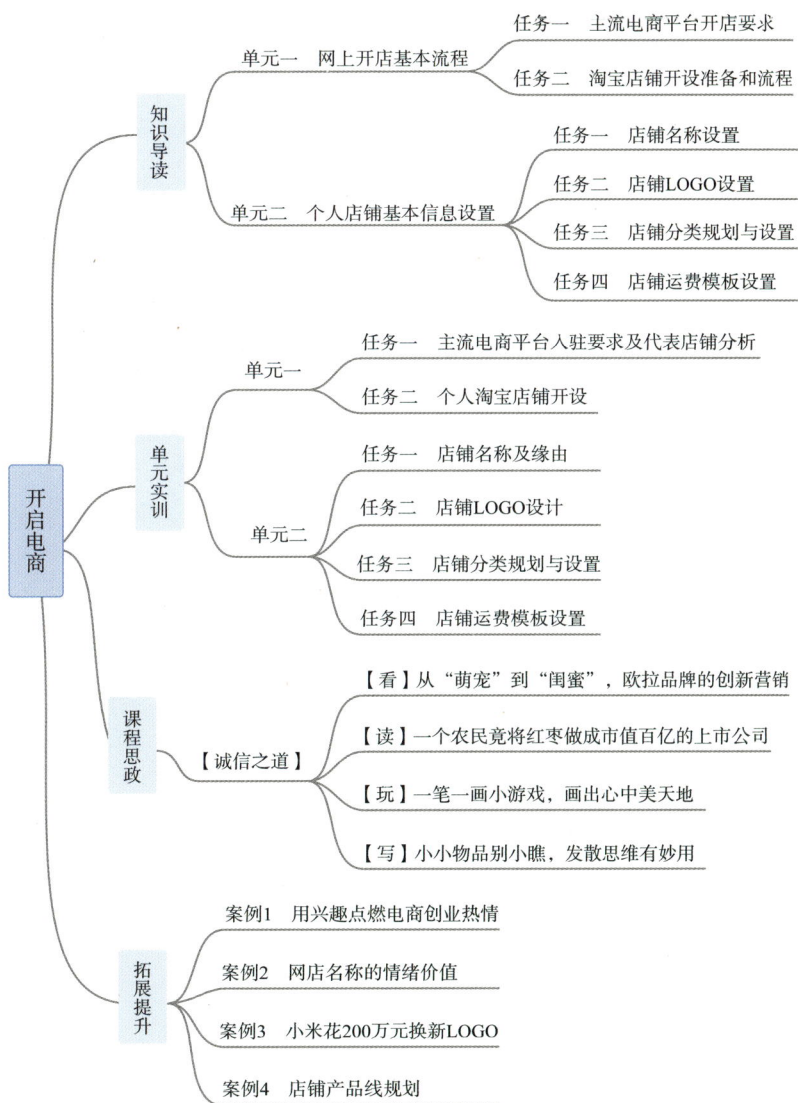

开启电商

知识导读
- 单元一　网上开店基本流程
  - 任务一　主流电商平台开店要求
  - 任务二　淘宝店铺开设准备和流程
- 单元二　个人店铺基本信息设置
  - 任务一　店铺名称设置
  - 任务二　店铺LOGO设置
  - 任务三　店铺分类规划与设置
  - 任务四　店铺运费模板设置

单元实训
- 单元一
  - 任务一　主流电商平台入驻要求及代表店铺分析
  - 任务二　个人淘宝店铺开设
- 单元二
  - 任务一　店铺名称及缘由
  - 任务二　店铺LOGO设计
  - 任务三　店铺分类规划与设置
  - 任务四　店铺运费模板设置

课程思政
- 【诚信之道】
  - 【看】从"萌宠"到"闺蜜"，欧拉品牌的创新营销
  - 【读】一个农民竟将红枣做成市值百亿的上市公司
  - 【玩】一笔一画小游戏，画出心中美天地
  - 【写】小小物品别小瞧，发散思维有妙用

拓展提升
- 案例1　用兴趣点燃电商创业热情
- 案例2　网店名称的情绪价值
- 案例3　小米花200万元换新LOGO
- 案例4　店铺产品线规划

笔记处

单元一　网上开店基本流程

📋 任务一　主流电商平台开店要求

提起网上购物，当前主流的电商平台有淘宝、天猫、京东、拼多多等，不同的电商平台开店的门槛及所需要缴纳的费用也不尽相同，四大电商平台的优缺点如表3-1所示。

表3-1　四大电商平台优缺点对比

平台	优点	缺点
淘宝	老牌平台，门槛低，用户多，流量高，机制完善，有保障	商品质量良莠不齐，价格竞争激烈
拼多多	价格低，同样的商品，价格越低，越具有竞争力	需要货源才能打"价格战"，对产品质量要求较高，有扣保证金制度，后续需要付费才能有流量转化
抖音	流量巨大，用户众多，利润高	不同类目有不同比例的成交额扣点，需团队合作，流量分配偏头部博主，需投入大量资金
京东	品质出名，客户信任度高，客源质量好，流量多。京东自营店由京东发货及售后，节约商家成本和精力	入驻条件严格，需要专业的资质证明，储备资金多，不适合新人入驻，品质把控严格

一、淘宝店铺入驻要求

淘宝网是中国深受欢迎的网购零售平台，由阿里巴巴集团在2003年5月创立，拥有8.4亿的注册用户数，每天有超过6000万的固定访客，同时每天的在线商品数超过8亿件，平均每分钟售出4.8万件商品。淘宝目前支持开设个人店铺、企业店铺和达人店铺，主体可以为个人，也可以为企业。

（一）个人店铺

在淘宝网开设个人店铺需要有淘宝账号和支付宝账号，要求经营主体年满16周岁，需要缴纳相应类目的保证金，最低为1000元，但

笔记处

是在开店初期没有销量的时候可以暂时不用缴纳。

（二）企业店铺

淘宝企业店铺开设需要企业营业执照和企业支付宝账号，特种经营需要提交资质材料。

（三）达人店铺

达人是指站外有自己独立的达人、直播、红人账号的，如小红书账号、抖音账号、快手账号、哔哩哔哩账号等，账号累计五万粉丝以上，可以在淘宝平台上选择"达人开店"，开店成功后，可获取达人店铺的专属权益。

开设达人店铺需先开设个人店铺并完成实名认证，在达人的审核资料通过后，会自动变更为"达人店铺"，可以获得官方的认证标签、专属的店铺名称，在用户对店铺进行搜索时，可以展示认证标签，开店后可以获得免费的达人标准装修模板。

二、天猫店铺入驻要求

（一）入驻条件

天猫店铺入驻需要满足以下六个条件，第一，公司的注册资本高于一百万（包含一百万）但不是所有的类目都适用。第二，需要具备一般纳税人资格。第三，要有注册商标证书（即R标）或者是授权书。第四，具备营业执照。第五，所有提交的资料必须加盖本公司的公章。第六，店铺所经营的商品或服务必须符合法律法规和国家标准要求，同时商品需要符合天猫平台商品质量标准，天猫规则及商品发布规范等要求。

（二）涉及费用

入驻天猫涉及的费用一共有三个：软件服务年费、软件服务费、保证金。软件服务年费根据类目的不同分为3万元和6万元两种，若经营多个类目按最高收费金额收取，每年根据销售额完成情况在年初系统进行折算返回。软件服务费根据类目的不同，当订单交易完成后实时划扣。保证金根据类目和商标状态的不同，金额也不同（申请退出店铺后退还），如品牌旗舰店、专卖店带有TM商标的10万元，全部为R商标的5万元；专营店带有TM商标的15万元，全部为R商标的10万元。

笔记处

三、京东店铺入驻要求

京东平台开放给第三方商家经营的店铺称为POP店，包含三种类型：旗舰店、专营店和专卖店。不同类型的店铺对于企业品牌要求不一样，入驻费用和天猫类似，也分为保证金、平台使用费和类目扣点。

（一）京东旗舰店

旗舰店要求卖家有自有品牌，如一个饰品商家，拥有自己的品牌，并且品牌已完成商标R标或TM标的注册，那么该商家就可以在京东开设旗舰店。旗舰店按照商标种类又可以划分为卖场型旗舰店和品牌旗舰店，卖场型旗舰店需要拥有服务类商标，品牌旗舰店不限制商标种类。

（二）京东专营店

专营店指经营京东开放平台相同一级类目下两个及以上他人或自有品牌（商标为R或TM状态）商品的店铺，专营店又分为以下两种类型：相同一级类目下经营两个及以上他人品牌商品入驻京东开放平台的商家专营店，相同一级类目下既经营他人品牌商品又经营自有品牌商品入驻京东开放平台的商家专营店。

（三）京东专卖店

专卖店指商家持他人品牌（商标为R或TM状态）授权文件在京东开放平台开设的店铺，分为以下两种类型：经营一个授权品牌的商品，但未获得品牌（商标）权利人独占授权入驻京东开放平台的商家专卖店；经营多个授权品牌的商品，且各品牌归同一实际控制人的商家专卖店。

总的来说，旗舰店就是品牌的持有者/持有公司自己开的商城店；专卖店则是品牌的一级授权商/代理商/分销商，只能经营一个品牌；专营店同时可以经营多个品牌，所经营品牌可以自有，也可以由品牌商授权或品牌授权商授权。

查一查

京东除了以上三种常见类型的店铺，还有哪些类型的店铺？开店有什么要求？

笔记处

四、拼多多店铺入驻要求

拼多多商家入驻平台分四种店铺：旗舰店、专营店、专卖店、普通店。旗舰店、专营店入驻有三个基本条件。第一，公司营业执照全套资料（营业执照正副本、税务登记证、组织机构代码证）。第二，对公账户开户许可证，品牌商标注册证或者商标受理书（TM标）。第三，保证金（视类目而定）。普通店即个人入驻，需要上传身份证原件正反面、个人近照及手持身份证的近照，无须缴纳其他费用，若是缴纳保证金，则有助于提高店铺的权重。

五、抖音小店入驻要求

作为全域兴趣电商，抖音电商目前支持个人店、个体店、企业店和专卖、专营、旗舰店的入驻，这里主要介绍个人店铺，其他类型店铺需要的企业资质和品牌认证等信息与各大平台基本一致。

个人开设抖音小店，需年满16周岁，在提交个人身份信息并通过实名认证后就可以申请入驻抖音小店，部分类目如服饰鞋包、母婴用品、运动户外等可先不缴纳保证金，产生交易后再缴纳保证金。

想一想

下列情况开设哪种店铺最合适？说明你的理由。

① 小王有自己的品牌和企业，为家电类商品。

② 小李做饰品批发，以低价多销为主。

③ 小微在小红书有2万名粉丝，想要开设店铺售卖自己经常使用的产品。

📢 任务实训

📢 实训内容及要求

个人任务，掌握主流电商平台的入驻要求，网络上查找整理每种类型的店铺，小组成员之间进行分享（表3-2）。

笔记处

表3-2　主流电商平台入驻要求及代表店铺

	店铺类型	是否支持个人开店	案例
淘宝			
天猫			
拼多多			
京东			
抖音			
小红书			
快手			

任务评价

请完成任务后填写表3–3。

表3-3　主流电商平台入驻要求及代表店铺任务评价表

组别	成员	技能要求	掌握情况								
			自评			组评			师评		
			熟练	基本	没有	熟练	基本	没有	熟练	基本	没有
		平台认知									
		类型汇总									
		案例查找									

笔记处

任务二 淘宝店铺开设准备和流程

由于开设淘宝店铺门槛低，需要投入资金少，平台运营也比较成熟，适合新手开店经营，所以本任务以淘宝网为例讲解开设个人淘宝店铺的准备和流程。

一、开设个人淘宝店铺的准备

（一）相关资料

在淘宝开设个人店铺需要准备个人身份证人像面、国徽面原件照以及已实名认证的个人支付宝账号，如果以达人身份入驻，还需要准备达人账号管理后台截图和外站账户与店主关系证明文件。

（二）相关费用

淘宝平台免费开店，在发布商品之前，无须支付任何费用，涉及费用的情况只有下列两种。

1.风险保证金

如曾经在淘宝平台有不合规经营行为，或有不合规消费者行为，在开店过程中将有可能触发风险保证金，可在关店时解冻并提取。

开店成功后，在经营过程中，如未按照淘宝平台规范合规经营，将有可能触发风险保证金，需足额缴纳风险保证金，可在关店时解冻并提取。

2.消保保证金

消保保证金是指卖家缴存的用以保证其商品和服务质量，担保对消费者保障服务承诺以及淘宝网相关协议、规则的履行和遵守的资金。

保证金额度主要根据卖家成交订单、商品类目、违规风险、服务开通情况等因素进行综合计算，具体额度数值以保证金管理页面提示为准。

二、开设个人淘宝店铺的流程

（一）个人淘宝账户注册

个人淘宝账户注册有两种方式。第一种方式，登陆手机淘宝首页

笔记处

会有登录以及注册提示，按照注册提示用个人手机号即可注册。第二种方式，通过电脑网页端进入淘宝网，并点击左上角的"免费注册"，同意淘宝平台的账号注册协议，然后填写手机号码并拖动滑块，填写收到的验证码完成淘宝账号的注册。

（二）支付宝绑定及实名认证

点击"我的淘宝"—"账户设置"—"支付宝绑定"，在支付宝中设置支付密码，并填写个人信息、绑定银行卡，最后进行人脸识别就可以完成认证。

（三）注册店铺

（1）登录自己的淘宝账号，点击首页右上角的"千牛卖家中心"—"开店入驻"进入开店界面。

（2）在选择店铺类型页面中选择个人店铺，并点击进入下一步。

（3）为淘宝店铺起名，也可以暂时保留系统已有名称，之后再进行设置。

（4）登录手机淘宝，使用"扫一扫"功能扫描页面中的二维码，在手机淘宝中完成人脸识别进行实名认证。

（5）待认证通过以后即可返回开店页面，完成个人店铺开设。

任务实训

实训内容及要求

根据任务导读中开店步骤和微课，利用网页版淘宝或者千牛App等完成个人淘宝店铺的开设，在表3-4中记录使用的平台和认证过程中可能存在的问题，最后提交开店成功的截图。

拓展阅读

表3-4　个人淘宝店铺开设资料清单

使用平台	手机淘宝	淘宝网页版	千牛App
准备的材料	个人淘宝账号		个人支付宝账号
实人认证	通过		未通过
开店成功截图			

电子商务入门与开店实践

098

笔记处

💬 **任务评价**

请完成任务后填写表3-5。

表3-5　个人淘宝店铺开设任务评价表

组别	成员	技能要求	掌握情况								
			自评			组评			师评		
			熟练	基本	没有	熟练	基本	没有	熟练	基本	没有
		资料准备									
		开店流程									
		问题处理									

笔记处

单元二　个人店铺基本信息设置

任务一　店铺名称设置

一、不同类目的店铺名称

在淘宝网搜索类目关键词，切换店铺选项，查看女装、零食、饰品、玩具四种类目的店铺名字后经对比总结发现，天猫店铺基本上是品牌名+旗舰店或者专卖店、专营店。淘宝店铺名称基本有三种组成格式。第一，店主名字（昵称）+小店/铺子/小屋等。第二，品牌名字+主营产品。第三，目标人群+主营产品。

二、大品牌名称的由来

店铺的持续经营，一个好的名称非常重要，品牌名称不仅是一种情怀，更是产品的直接体现，很多大品牌名称都有其独特的含义，通过对大品牌名称的分析，可以为设置自己的品牌名称提供一些参考。

（一）三只松鼠

三只松鼠创始人认为，零食品牌要给人亲切的感觉。"松鼠"以坚果为食，最喜欢吃松子、核桃等。一说到松鼠，消费者自然而然就能联想到坚果，而且"三"在中国有吉祥、强调、源源不断的含义。

（二）小米

小米公司是我国著名的手机生产商之一，其生产的包括手机在内的各种电子产品，以优异的性能和极高的性价比受到很多用户欢迎。小米公司创始人希望取一个通俗大众的名字，而小米是中国人主要的食粮之一，一提起来就觉得有亲近感。

查一查

查阅分享百雀羚、华为等知名品牌的名称的内涵。

笔记处

三、店铺起名要点

店铺名称除了体现品牌、店主、主营产品，也需要满足一定的要求，淘宝店铺的名称不能出现旗舰店、专卖店、专营店字样，也不允许有违反广告法的宣传文字出现，如第一、最好、最强等字眼。

（一）突出主营产品

大部分顾客在淘宝购物时都喜欢直接搜索商品的关键字词，因此可以将店名与经营商品相结合。例如，如果经营的是比较适合小个子穿的衣服，就可以在自己的店铺名称加上"小个子服装"五个字，这样被搜索到的概率会增大，且在无形中增加店铺浏览量以及营业额。

（二）以店主名字命名

以店主名字命名的淘宝店铺，首先具有一定的亲和力，给顾客亲切感，且淘宝店名的重复率会降低很多，能够更好地区分同类产品店铺。如小美家、娜娜小屋、唯衣不舍、木儿小店等，这种取名方式还可以增加店主在某一范围内的名气。

（三）店铺名字要好记

给淘宝店铺取名时，尽量不要用生僻字，最好是易读、易记且朗朗上口的名字，忌讳让人摸不到头脑，比如字母、数字的组合，或者模仿别人的名字改动一个字的现象。

（四）店名可以"搞怪"也可以有文化

店名可以"搞怪"，如果经营的是一家以黑色为主的服装淘宝店，可以取名"黑天鹅服装店"；也可以借鉴一些民间传说或是历史名人、名句相关的文字，结合店铺主营类目取名，如渐伊人女装、东坡酒家等。

练一练

李伯伯打算在网上开一家售卖红枣的店铺，你来帮他取一个店铺名称吧！要求体现店主质朴诚信的品格，突出产品的原生态。

任务实训

实训内容及要求

根据个人兴趣爱好或者家庭情况（家中有产品可以售卖），结合

笔记处

店铺主营类目、定位和名称要求，给自己的淘宝店铺起一个名字，完成表3-6。

拓展阅读

表3-6　店铺名称及缘由

店铺名称	
起名缘由	

💬 任务评价

请完成任务后填写表3-7。

表3-7　店铺名称及缘由任务评价表

组别	成员	技能要求	掌握情况								
			自评			组评			师评		
			熟练	基本	没有	熟练	基本	没有	熟练	基本	没有
		起名									
		缘由									

笔记处

📋 任务二　店铺LOGO设置

淘宝店铺的LOGO即为店标，代表了店铺的形象，可以出现在店铺首页店招中、店铺搜索列表页、产品主图详情页中以及产品包装上，具有非常重要的意义，代表着店铺的风格、店主的品位、产品的特性，也可起到宣传的作用。图3-1为一些知名品牌的LOGO，设计简单大方，易于识记。

图3-1　不同品牌的LOGO

店铺标志需要在淘宝后台"千牛卖家中心—店铺管理—店铺基础信息"中进行上传设置，系统仅支持最小宽度120px，最小高度120px，宽高比为1∶1，格式为png、jpg、jpeg的图片，建议制作时设置大小为宽度120px、高度120px，图片四周少留白，文字清晰可见。

无论是自行设计店铺LOGO还是借助第三方网站制作LOGO，都需要注意以下三个方面。

一、简洁性

LOGO应具有简单易识别性和记忆性的特点，简单的标志往往容易被认可，有着极强的识别效果。大众汽车标志中的V和W为全称（Volkswagen）中的字母，同时这个简洁的标志也像是由三个"V"组成，表示大众公司及其产品必胜。华为的LOGO是一朵菊花，也是一个正在散发光芒的太阳，公司希望华为的员工像菊花一样团结而且积极向上。

笔记处

二、独特性

喜茶的LOGO第一眼看上去像小孩子画的简笔画，在一众设计师的插画中反而显得很独特，让人过目不忘。YSL 中文名为圣罗兰，是世界著名的时尚品牌，它的 LOGO 看似简单，却充满许多"出格"的设计想法，让三个原本很难协调、融合的字母优雅地成为一体，非常独特。

三、色彩搭配

一个LOGO设计时使用的颜色一般不超过三种，颜色的比例基本为7：2：1，太多的颜色容易杂乱，造成视觉疲劳。百度的LOGO为经典的红蓝白配色，红蓝为主色，中间小脚印里的du用白色点缀。美团外卖LOGO大部分使用了黄色，仅在袋鼠的鼻子、眼睛、嘴巴处使用黑色，整体视觉既像是两个袋鼠耳朵，还像竖起两根手指的比"耶"手势，可爱中传递了一种乐观生活的信号。

讲一讲

分享你最喜欢的品牌LOGO，从设计原则、配色、文化等方面来进行分析。

💬 任务实训 ✈

💬 实训内容及要求

根据上一任务的店铺名称设计店铺LOGO，可以利用PS等软件自行设计，也可以借助第三方网站如U钙网、LogoFree、图怪兽等在线设计，使用第三方网站一定要注意版权问题，设计完成后提交效果图和设计思路（表3-8）。

拓展阅读

表3-8　店铺LOGO设计

LOGO	
设计思路	

笔记处

💬 任务评价

请完成任务后填写表3-9。

表3-9　店铺LOGO设计任务评价表

组别	成员	技能要求	掌握情况								
			自评			组评			师评		
			熟练	基本	没有	熟练	基本	没有	熟练	基本	没有
		LOGO 制作									
		LOGO 设置									

笔记处

任务三 店铺分类规划与设置

电子商务平台对经营商品按照产品属性、上架时间、促销活动等条件进行分类，有利于网购顾客快速定位所需要的商品和服务。

一、店铺分类规划

当确定了店铺的主营类目后，就可以进行店铺分类规划，可以按照以下步骤进行。

（一）搜集整理同类目店铺的分类设置

在淘宝网上搜索同样经营类目的店铺，在首页导航或者详情页中查看店铺的分类，以女装/女士精品类目为例，女装主要按照衣服类别分类，每个一级分类下还有对应的二级分类，二级分类一般是按照颜色、功能、年龄划分的。在某五金冠店铺女装的分类中除了按照衣服类别，还按照上新的日期进行分类，方便客户快速找到最近上新的产品。在进行店铺分类设置时一定要结合店铺将要销售的产品进行分类，之后可以灵活添加和删除。

（二）分类整理汇总

根据查询到的同类目店铺分类情况，将主要的类目划分依据进行分类，如女装类目的分类主要有以下三种。第一，按照衣服的类别，如上衣、裤子、连衣裙、衬衫、毛衣、羽绒服等。第二，按照上新的时间，如10月1日上新、元旦上新、五月新款等。第三，按照促销活动划分，如新品特价、清仓处理、热卖爆款等。

（三）结合店铺实际设置分类

根据自己店铺将要售卖的产品进行分类，可以利用思维导图或在Word中将初步的分类大纲列出来，便于添加到后台。

讲一讲

结合自己的网络购物经历，讲一讲合适的店铺分类可以给购物带来什么便利。

笔记处

二、店铺分类设置

淘宝店铺分类设置要在后台千牛卖家中心操作，如图3-2所示，具体步骤如下：

（1）进入千牛卖家中心，点击"店铺—店铺装修—装修管理—分类设置。"

（2）点击添加手工分类。

（3）填入分类名称、分类图片（可不设置）。

（4）一级分类完成之后可以直接添加二级分类，也可以移动选项中通过调整箭头来设置分类显示顺序。

（5）点击右上角保存更改按钮，完成店铺分类设置。

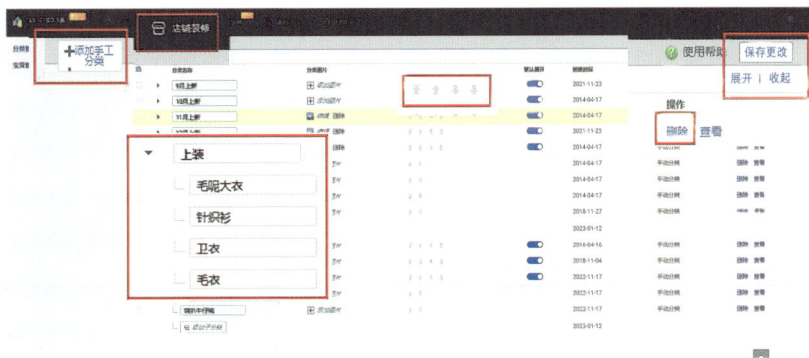

图3-2　店铺分类设置

任务实训

实训内容及要求

根据初步确定的店铺主营类目进行店铺产品分类（表3-10）。

表3-10　店铺分类规划及设置

店铺主营类目			
参考的店铺			
分类主要依据			
分类整理			
自己店铺的分类			
首页分类效果截图			

笔记处

任务评价

请完成任务后填写表3-11。

表3-11　店铺分类规划及设置任务评价表

组别	成员	技能要求	掌握情况								
			自评			组评			师评		
			熟练	基本	没有	熟练	基本	没有	熟练	基本	没有
		分类规划									
		分类设置									

笔记处

任务四 店铺运费模板设置

运费模板设置得好可以大大提高卖家发布宝贝的效率，设置正确的运费模板可以为卖家争取利润最大化。店铺在设置运费模板时，一般包含以下三种类型。

一、全国包邮（除港澳台地区）

目前淘宝网上大部分商品设置的都是全国包邮（除港澳台地区），港澳台及海外地区会专门设置相应的邮费或者不发货。在千牛卖家中心的"交易—物流管理"选项下选择物流工具进入基础配置中的运费模板设置（图3-3），可以设置店铺运费模板。模板名称没有严格的命名要求，方便卖家识记即可。发货地一定要设置到产品的实际所在地，如果有出入，要在使用此运费模板的宝贝详情中说明。"是否包邮"中如果选择"包邮"选项，则所有地区包含国外都会包邮，此处通常可以设置为自定义运费，在"运费方式—快递费用设置"里设置除了中国香港、澳门、台湾地区及海外运费为0元。计价方式的设置上根据所售卖产品的情况进行选择，如产品不是很重，但体积很大，

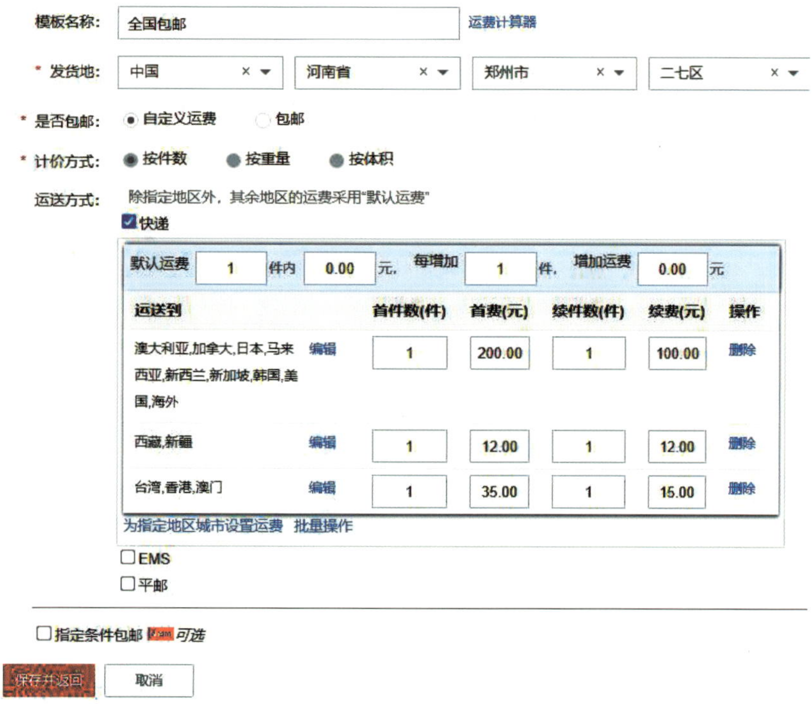

图3-3 运费模板设置

笔记处

选择"按体积"，如果产品很重，如农产品水果等，选"按重量"，像衣服、玩具等一般按件数。全部设置完成之后保存即可。

二、部分地区包邮

其他字段的设置类似与全国包邮模板，在快递运费设置的时候可以根据快递公司给的费用对不同地区单独设置首费和续费。例如，某快递公司针对海南省运费比较贵，在设置的时候可以单独对海南省进行费用设置，达到部分地区包邮的效果。

三、指定条件包邮

如图3-4所示，指定条件可以设置买家购物满足一定件数，或者购物达到一定金额，或者两者均满足才给予包邮。如9.9元包邮的店铺，由于产品利润非常低，卖家会设置包邮门槛，购物满9.9元才可以包邮，达不到这个金额就需要支付相应运费。

图3-4　指定条件包邮

任务实训

实训内容及要求（个人）

根据自己店铺产品的发货地设置两个运费模板（表3-12），一个全国包邮（除中国港澳台地区），中国港澳台地区和国外单独设置邮费；一个根据快递公司的模板设置相应地区的费用。

注：表3-13仅显示部分地区，学生完成表中出现的地区即可。

笔记处

表3-12　店铺运费模板设置

全国包邮模板	
自定义模板	

表3-13　XX快递公司郑州分公司各地区快递费用表

地区	首重1kg费用（元）	续重1kg费用（元）
黑龙江、吉林、辽宁	12	5
北京、天津、山东、山西、河北、河南	8	4
重庆、云南、贵州、西藏、四川	15	6
新疆、西藏	20	10
香港、澳门	30	30

任务评价

请完成任务后填写表3-14。

表3-14　店铺运费模板设置任务评价表

组别	成员	技能要求	掌握情况								
			自评			组评			师评		
			熟练	基本	没有	熟练	基本	没有	熟练	基本	没有
		运费分析									
		模板设置									

实训内容及要求（小组）

小组根据某枣业有限公司的开店要求，整理开设企业店铺需要的相关资料，完成店铺名字的设置（可以起多个，每个设置相应分数）并阐述缘由。设计店铺LOGO，体现企业文化和产品特点。根据店铺主营产品进行分类，从网上查阅发货地快递费用，制定初步的运费模板（表3-15）。

笔记处

河南某枣业有限公司

公司介绍：某枣业有限公司是一家主营新疆灰枣、骏枣和其加工产品的电子商务企业，目前主要经营线下业务，有实体门店，意向开设网络店铺，打开销路。

主营产品：公司创始人是一位退伍军人，想要河南的父老乡亲吃上正宗优惠的新疆红枣，他在新疆承包土地，开荒、育苗、种枣树，主要种植的新疆若羌灰枣和骏枣，主打原生态无污染，从枝头到餐桌。大枣按个头大小分不同等级，星级大枣堪比鸡蛋大小，肉质饱满，外表圆润光滑。

经营理念：诚心诚意。

开店要求：公司目前有企业营业执照和食品经营许可证，想要开设淘宝企业店，店铺名称能够体现主营产品和企业文化，简单识记。店铺LOGO配色要简单，体现产品特点和生长背景。店铺产品分类除按照产品灰枣和骏枣外，还可以按照等级和包装分类，等级有特级、一级、二级、三级，包装有普通自封袋包装和礼盒包装。产品从河南郑州发货，运费按重量计算，最低包装重量为500克。

表3-15　红枣企业店铺基本信息

开设企业店铺需要准备的资料			
店铺名称			
起名依据			
店铺LOGO			
店铺分类			
运费介绍			
其他			

笔记处

💬 学生自评表

编号	实训任务	技能要求	掌握情况		
			熟练	基本	没有
1	个人淘宝店铺开设	掌握淘宝店铺开设流程			
2	给自己的店铺起名	掌握店铺起名原则			
3	店铺LOGO设置和基本信息完善	掌握LOGO设计制作方法和技巧			
4	规划淘宝店铺分类	能够参考其他店铺进行类目规划			
5	根据物流要求设置店铺运费模板	熟练设置店铺运费模板			
6	红枣企业店铺各项信息设置	掌握店铺各项基本信息设置技巧			

💬 小组评价表（组长）

成员	各个实训任务技能得分						素养得分				
	1	2	3	4	5	6	自主学习	团队协作	创新意识	遵守规则	劳模精神
备注											

小组名称：........................　　组长：........................

笔记处

💬 教师评价表

编号	实训任务	技能要求	掌握情况		
			A	B	C
1	个人淘宝店铺开设	掌握淘宝店铺开设流程			
2	给自己的店铺起名	掌握店铺起名原则			
3	店铺LOGO设置和基本信息完善	掌握LOGO设计制作方法和技巧			
4	规划淘宝店铺分类	能够参考其他店铺进行类目规划			
5	根据物流要求设置店铺运费模板	熟练设置店铺运费模板			
6	红枣企业店铺各项信息设置	掌握店铺各项基本信息设置技巧			

编号	素养要求点	具体要求	学生情况		
			A	B	C
1	自主学习	能够借助网络资源解决难题			
2	团队协作	能够和成员协商完成任务，配合默契			
3	创新意识	起名LOGO设计有创意、有想法			
4	遵守规则	在平台要求下开设店铺设置信息			
5	劳模精神	完成任务精益求精			

模块自测 ▶▶▶

参考答案

一、单选题

1.淘宝网是在（　　）年5月成立的。

A. 2003　　　　　　　　　　　　　　　B. 2004

C. 2005　　　　　　　　　　　　　　　D. 2006

2.在淘宝网开设个人店铺要求经营主体年满（　　）周岁。

A. 15　　　　　　　　　　　　　　　　B. 16

C. 17　　　　　　　　　　　　　　　　D. 18

3.达人开店，要求站外账号累计（　　）万粉丝以上。

A.2　　　　　　　　　　　　　　　　　B.3

C.4　　　　　　　　　　　　　　　　　D.5

4.天猫品牌旗舰店的保证金带有TM商标的10万元，全部为R商标的（　　）万元。

A. 3　　　　　　　　　　　　　　　　　B. 5

C. 8　　　　　　　　　　　　　　　　　D. 10

二、多选题

1.淘宝网目前可以开设的店铺类型有（　　）。

A.个人店　　　　　　　　　　　　　　B.企业店

C.达人店　　　　　　　　　　　　　　D.专卖店

2.京东平台开放给第三方商家经营的POP店，包含哪三种类型？（　　）

A.旗舰店　　　　　　　　　　　　　　B.专卖店

C.专营店　　　　　　　　　　　　　　D.个人店

3.店铺在设置运费模板时，一般会设置哪些类型？（　　）

A.全国包邮　　　　　　　　　　　　　B.全省包邮

C.部分地区包邮　　　　　　　　　　　D.指定条件包邮

笔记处

三、判断题

1.在进行店铺分类设置时必须进行分类图片设置。（　）

2.店铺里所有的产品必须共用一个运费模板。（　）

3.淘宝店铺的LOGO宽度不能超过120px。（　）

4.一个LOGO设计时使用的颜色一般不超过三种，颜色的比例基本为7∶2∶1。（　）

四、简答题

1.简述运费模板设置的流程。

2.淘宝店铺起名字有哪些需要注意的地方？

3.一般情况下经营男装的店铺如何进行分类设置？

4.进行店铺LOGO设计制作时要注意哪些方面？

课程思政【创新思维】

党的二十大报告指出，坚持创新在我国现代化建设全局中的核心地位。惟创新者进，惟创新者强，惟创新者胜。坚持科技是第一生产力、人才是第一资源、创新是第一动力，深入实施科教兴国战略、人才强国战略、创新驱动发展战略，才能开辟发展新领域新赛道，不断塑造发展新动能新优势。培养学生的创新思维，从创新营销到创新设计，从民族品牌到身边小物，创新无处不在。

【看】从"萌宠"到"闺蜜"，欧拉品牌的创新营销

在网络上搜索欧拉品牌创新营销案例，从目标人群、产品销售途径等方面分析产品的创新营销。

【读】一个农民竟将红枣做成市值百亿的上市公司

搜索资料后分析，"好想你"红枣在产品创新方面都做了什么？你有什么更好的想法吗？

【玩】一笔一画小游戏，画出心中美天地

在同一张白纸上，小组成员每人画一笔，为给定的店铺（十目十手杂货铺）一起设计LOGO，组长展示作品并讲解创意。

笔记处

老师准备几件生活中常见的物品，小组每位成员选择一个，发挥奇思妙想，讨论这些普通的物品有什么妙用。如果要在网络上销售，怎样包装才能卖出更好的价格。

拓展提升

案例1　用兴趣点燃电商创业热情

淘宝平台上有众多基于兴趣创业的大学生，他们找到与自己有着相同兴趣的消费群体，将兴趣转化为电商平台创业项目。

1998年出生的小K在毕业2年后，和大学舍友在淘宝平台开了家店铺，主要销售棉花娃娃的小衣服。店铺的管理团队只有三人，且店铺内娃衣的设计、布料选择、打板敲定、工厂的选择等主要工作都是她和朋友两个人一起完成的。

刚毕业时的小K没有立刻去创业，而是先在电商公司工作，利用业余时间设计娃衣。在工作中积累了一定的经验与资金后，才在毕业两年后离职与大学室友一起创立了娃衣淘宝店。

她们当初选择在淘宝上开店，是因为看中了淘宝的低成本获客。且相比于传统线下开店，淘宝网店能以更小的成本，突破地理位置的限制，向全国辐射影响力。凭借淘宝平台向小众爱好群体提供的"垂直圈层赛道"，让爱好相同但不同地域的消费者聚集到小K的店里，从而为大学生商家创造了能够产生规模收益的小众市场。

在淘宝平台上，像这样有个人兴趣和创业热情的年轻人还有很多，想要追逐梦想、实现创业目标的大学生可以在校期间多挖掘自身的兴趣，开设自己的淘宝店铺，用兴趣为自己开拓道路，成就一片更开阔的、完全属于自己的天地。

笔记处

你的兴趣是什么？是否可以尝试将自己的兴趣和开设网店结合，开启自己的创业之路？

案例2　网店名称的情绪价值

躺岛天猫店铺成立于2020年春天，主营枕头、夏被、眼罩、耳塞等卧室产品以及蕉绿蜡烛等周边产品，成立当年核心单品"猫肚皮枕"拿下淘宝"双11"单品冠军。创始人把店铺命名为"躺岛"，是希望能用一座虚拟的岛屿，帮大家创造一个可以随时躺倒的"结界"，抵挡来自外界的压力，展现自我。在这个"结界"之内，可以自由、放松、快乐，拥有属于自己的私人空间和美梦满满的睡眠。

"岛"和"倒"同音，一说起"躺岛"，很难不让人联系起"躺倒"，继而联想到就地躺倒的自在与舒适，而这正契合躺岛品牌的核心内涵。躺岛陪着年轻人不断缓解生活中的焦虑情绪，与年轻消费者建立起了强烈的情感共鸣，成功在一众传统家居行业中实现突破。

以前品牌名称的成功，是定位于功能或者强化质量属性。而新一代用户逐渐迈向自我实现和尊重需求。因此很多品牌开始用有创意、有情绪的名字引起新一代消费者的注意和共鸣。

除了品牌名，躺岛的系列产品名称也足够鲜明，"猫肚皮枕""加鸡腿抱枕""瓜瓜凉被""熊抱被""鹅绒锁温被"等产品名称延续一贯的品牌理念，从治愈、具象化的名字出发，不断激发大众的想象力，强化大众对品牌的独特感知。"蕉绿蜡烛"作为衍生周边，更符号当代年轻人的情绪价值。

笔记处

你的店铺名称能提供给目标用户需要的情绪价值吗？

案例3　小米花200万元换新LOGO

2021年3月30日，在小米春季发布会上，小米宣布启用耗时三年设计的新LOGO。小米新LOGO一发布就登上了微博热搜，有网友评论道："小米这200万中，有199万用来买故事了。"虽然只是一句玩笑话，但某种意义上来说，这两百万元设计费除了贵在大师的标识设计，也的确贵在设计理念和故事对于品牌价值的升级。

小米新LOGO的设计师原研哉提出了全新的设计理念"Alive"——"在环境之间不断运动，始终保持一种平衡状态和个性，这也就是生命本身的样子"。看起来只是LOGO的形状变成了椭圆形，但实际上是一种精神的变化和升级。在小米看来，这个新LOGO代表着小米未来的智能科技，就像生命一样，会根据环境的变化和人的需求变化而不断变化。

LOGO作为品牌识别的视觉符号，是消费者对于品牌的第一印象，而消费者对于品牌的印象往往不是基于LOGO外形的美丑，而是LOGO背后符号概念的传达。在现在的消费环境中，LOGO的概念已成为先行。从本质上来说，LOGO背后是一个品牌的理念，而LOGO的作用就是将品牌理念以消费者容易识别的图标加以呈现，增强消费者对品牌记忆点的同时，降低品牌的营销成本。

小米此次用200万请原研哉为其设计LOGO，其实也是利用原研哉的影响力为小米的品牌升级造势。原研哉的设计理念不仅为小米增加了品牌的文化内涵，其设计出的LOGO外形的常态化与他大师级的行业地位之间形成的反差也为品牌升级的营销打造了新的噱头。在微博平台，"小米新LOGO"引起了全网讨论。

尽管网友对新LOGO的评价褒贬不一，但这样一来，不仅原本知道小米换LOGO的受众接收到信息，不知道小米换LOGO的圈层受众，也在"看热闹"中知道了小米品牌的升级。在"小米新LOGO"后，"小米造车"也随之上了热搜，并且获得了较高的话题度。从"品牌LOGO变了"到"让大家知道LOGO变了"，借助原研哉大师的影响力和新旧LOGO之间的反差，让小米这次品牌升级成功"出圈"。

小米此次的换新LOGO事件，从品牌内涵、理念到策略和元素整合，都具有正向的意义，也让品牌LOGO焕发出源源不断的生命力。

💬 思考题

看完小米换新LOGO的案例，你觉得这200万元花的值不值？

案例4　店铺产品线规划

王涛经营着一家女装淘宝店，多年的经验让他明白在运营店铺时，第一要务就是规划产品线，找出那些比较有市场潜质的产品，确定好哪些产品是带动店铺人气的，哪些产品是集中赚利润的，根据不同目的进行规划分类。

首先，他会先打造一款单品作为引流款带动店铺的整体销售、流量和人气。一般店铺至少要有一款这样的产品，不仅可以将店铺营业额提升向新的高度，还会帮助店铺带来更多的自然搜索流量，这是店铺运营的突破口。

笔记处

其次，王涛会通过一些利润款来获取利润。通过引流款获取到的流量，会向利润款产品上引导，虽然该类型产品的价格普遍高于引流款，但幅度较小，多属于"忽略价"。如果消费者真的喜欢该类型的产品，高出的这部分价格，不足以影响消费者的购买决定。

再次，王涛为了满足对产品要求高的消费人群，专门设置了一些高价款，这类人群对于价格敏感度并不高，并且清楚地知道自己需要什么样的产品。在设计制作产品描述时，不会使用过于俗套的促销描述。高价款类型的产品，一定要强调产品品质。有时候消费者不购买产品的原因，不是因为价格高，而是因为品质不够好。

最后，王涛还设置了一些超高价格款，用于提高店铺的整体格调，通过塑造该类型的产品，可以使潜在买家查看自己店铺时，觉得这是一家卖高端产品的店铺。该类型的产品价格会高于市场同类型产品很多倍，在塑造店铺整体视觉效果上，通常从产品拍摄风格、店铺装修风格以及产品定价入手，营造出"大牌"的感觉。在做产品规划时，引入超高价款类型产品的对比会让引流款与利润款的价格显得更有诱惑力。

店铺最终目的是销售产品，到底哪些产品要多展现，哪些产品要少展现，在什么地方展示，如何给某一款产品集中引流，放置在什么位置等一系列问题，如果没有系统的规划，整个店铺必然杂乱无章。王涛的这一套产品线规划非常具有实用性，而且把握了背后的营销逻辑，所以他的店铺才能在竞争如此激烈的服装类目中闯出一片天地。

思考题

你在运营店铺之前，有没有做好系统的产品线规划？

笔记处

笔记处

04

模块四

走进电商

小红和小明是电子商务专业大一的学生，他们在上完《电商入门》的课程后，都想优化各自店铺的主图。小红觉得自己产品的主图、主图视频和一些SKU（库存量）选项都需要优化，就一次性把它们都进行了修改，同时因为她比较喜欢老师分享的森系风，于是把之前主图的潮流风也改为了森系风。小明并没有像小红那样直接修改，而是先把要更换的主图先放入直通车进行测试，观察它的点击率转化率、加购收藏率等各维度数据，跟之前的主图去做对比，如果比之前的各项指标好，他才进行更换，否则他就不再更换。同样是优化主图，经过一系列操作之后，小红店铺的流量反而下滑，而小明店铺的流量有了明显提升。

请思考：小红和小明在优化主图时的区别是什么？为什么优化后小明店铺的流量上升了，而小红店铺的流量却下降了？

教学目标

知识目标

1.熟悉各种实物货源渠道。

2.掌握淘货源选品的流程。

3.了解不同类目产品的分销网站。

4.掌握商品标题、价格、主图、描述的设置要点。

5.掌握不同类型产品的发布流程。

6.掌握不同状态订单的管理。

7.掌握客服的基本设置。

技能目标

1.能够在淘货源网站中选择合适自己的货源产品。

2.能够通过阅读官方文档完成产品发布。

3.能够在产品上架之前优化完善各项信息。

4.能够完成产品订单的发货和评价流程。

5.能够进行客服子账号和常用话术设置。

笔记处

素质目标

1.能够树立创新创业意识。

2.能够和团队成员协作，完成本职工作。

3.能够很好地解读各个平台规则。

思政目标

1.具备大国自豪感和民族自信心。

2.具备精益求精，追求完美的职业素养。

知识导览

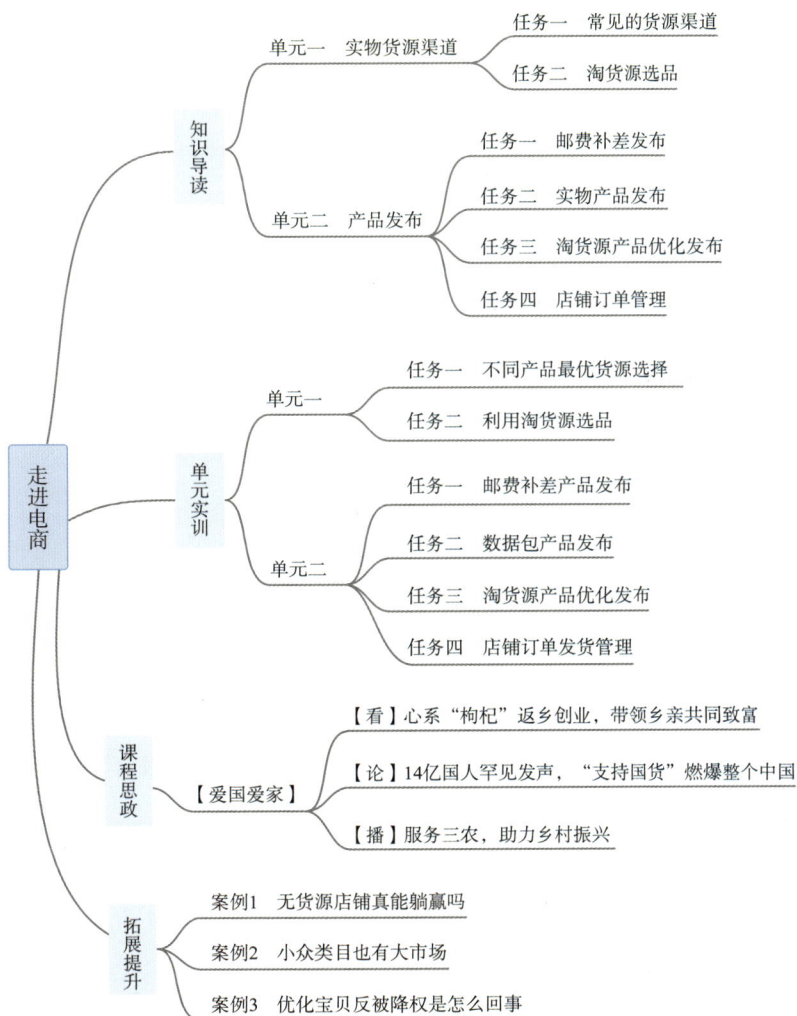

走进电商

知识导读
　单元一　实物货源渠道
　　任务一　常见的货源渠道
　　任务二　淘货源选品
　单元二　产品发布
　　任务一　邮费补差发布
　　任务二　实物产品发布
　　任务三　淘货源产品优化发布
　　任务四　店铺订单管理

单元实训
　单元一
　　任务一　不同产品最优货源选择
　　任务二　利用淘货源选品
　单元二
　　任务一　邮费补差产品发布
　　任务二　数据包产品发布
　　任务三　淘货源产品优化发布
　　任务四　店铺订单发货管理

课程思政
　【爱国爱家】
　　【看】心系"枸杞"返乡创业，带领乡亲共同致富
　　【论】14亿国人罕见发声，"支持国货"燃爆整个中国
　　【播】服务三农，助力乡村振兴

拓展提升
　案例1　无货源店铺真能躺赢吗
　案例2　小众类目也有大市场
　案例3　优化宝贝反被降权是怎么回事

笔记处

单元一　实物货源渠道

　　淘宝店铺开设成功后，要售卖的可以是实物产品，也可以是虚拟产品。我们比较熟悉的话费充值、店铺代运营、PS图片处理、线上课程售卖、软件等产品无须考虑物流，且售后比较少，有些甚至可以设置自动发货，有这方面特长或者货源的可以考虑。淘宝网上销售的更多是实物类产品，图4-1是2022年"双十一"品类销量排行榜，可以看出实物产品销量是遥遥领先的。

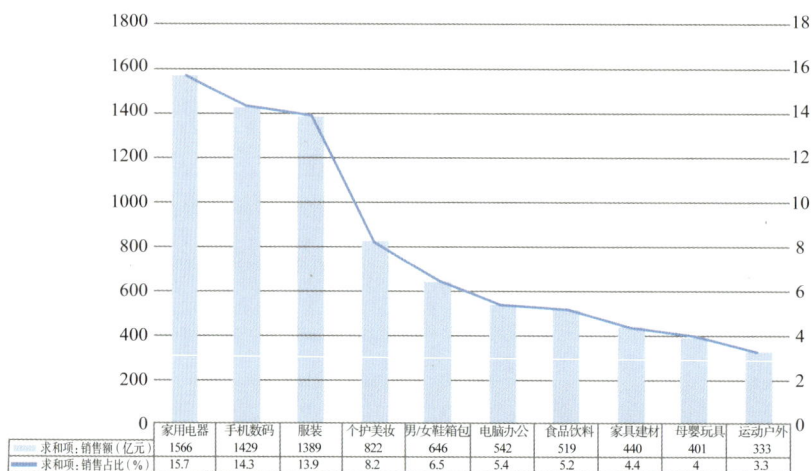

	家用电器	手机数码	服装	个护美妆	男/女鞋箱包	电脑办公	食品饮料	家具建材	母婴玩具	运动户外
求和项:销售额（亿元）	1566	1429	1389	822	646	542	519	440	401	333
求和项:销售占比（%）	15.7	14.3	13.9	8.2	6.5	5.4	5.2	4.4	4	3.3

图4-1　2022年"双十一"前十名品类成交总额及占比统计

📋 任务一　常见的货源渠道

一、官方分销或一件代发

　　天猫供销平台又称供货分销平台，定位于一个开放的电子商务供应链协作平台，经销商大部分是早已入驻天猫平台的知名品牌商家，在满足条件要求申请成为分销商之后，淘宝店可以去分销产品，无须购置和压货，商品售出后也是由天猫供销平台中的商家进行发货。

笔记处

二、其他分销网站

全国各地有很多提供批发服务的分销网站，适合中小卖家选择货源，在这些平台上，应尽量选择满足以下条件的货源：产品质量过关、提供数据包、在直接或者简单处理后可以上传到淘宝店铺、价格有优势或利润空间较大、支持一件代发、发货时间有保障、售后退货无忧。购途网和货捕头是两家有代表性的分销网站。

（一）购途网

购途网是女鞋贸易信息服务平台，用户可将产品图片上传到淘宝店铺，卖出产品后可以自己去市场拿货，也可以选择网站上的代发服务商，每件产品需要2~5元不等手续费。

（二）货捕头

货捕头将杭州人气服装批发市场优质一手货源整合到网上批发，以较低的批发价、一件代发、跨市场混批的模式，赢得了批发商的青睐。所有商品免费代理，支持一键上传淘宝店铺。在全国各地有多个合作厂房，出货快拿货方便。

值得注意的是，使用第三方网站一定要有安全意识，进行甄别，保护资金安全。

三、产业带工厂

产业带是一条带状的链条产业集中区域，是相关或相同产业的基地。在此区域内可以形成产业集聚效应，从而更好地壮大产业，如杭州的女装、镇江的眼镜、扬州的毛绒玩具、深圳的3C数码产品、佛山的卫浴产品等。如果直接从产业带的厂家进货，且有稳定的进货量，就可以争取到理想的进货价格。

四、线下批发市场

从线下批发市场进货一般有三个特点。第一，商品数量多、品种全、挑选余地大且容易"货比三家"。第二，很适合兼职卖家，在这里进货可自由选择进货时间和进货量。第三，价格相对较低，对于网店来说容易实现薄利多销。

笔记处

本地有哪些线下的产品批发市场？你了解多少呢？周末可以去本地的线下批发市场考察一下，在课堂上进行分享。

五、其他货源

其他货源主要有四大类。第一类为库存积压或清仓处理的商品。这类商品因为急于处理，通常可以以一个较低的价格买下，然后零售给需要的买家，也能获得不错的利润。第二类为外贸商品。在外贸订单剩余商品中有不少好货，这部分商品大多每款只有几件，款式常常是现在或将来流行的，而价格可能只有商场价的一半左右，因此销售起来也会很紧俏。第三类为国外打折商品。在重大的节日前夕，国外的一线品牌通常会有很大的折扣，如果卖家可以在国外购买到折扣商品，适当提高价格在网上销售，也将获得一定的利润。第四类为当地的特色农产品。

查一查

本地有哪些特色农产品？目前的销售情况如何？查找资料提出自己的意见和建议。

📢 任务实训 ✈️

📢 实训内容及要求

选择最适合表4-1产品和自己产品的货源渠道并阐述缘由。

拓展阅读

表4-1　不同产品最优货源选择

产品	货源渠道	原因
生鲜		
地方特产		

笔记处

产品	货源渠道	原因
女装、男装、童装		
数码产品		
小饰品		
大家电		
我的产品		

任务评价

请完成任务后填写表4-2。

表4-2　不同产品最优货源选择评价表

组别	成员	技能要求	掌握情况								
			自评			组评			师评		
			熟练	基本	没有	熟练	基本	没有	熟练	基本	没有
		货源渠道									
		货源查找									
		原因分析									

笔记处

任务二　淘货源选品

一、1688淘货源介绍

1688淘货源为阿里巴巴批发网的代销市场子栏目，致力于打造淘宝卖家专属的货源服务平台，淘货源产品支持一件代发。如图4-2所示，卖家将合适的产品上架到自己店铺中，有客户购买商品，卖家到分销商处下单采购，分销商根据卖家提供的地址来发货，客户确认收货之后卖家可以和分销商进行分账，获取相应的利润。淘货源一件代发非常适合新手开店，无须积压产品，无须大量货款资金，风险较小，是一个优先考虑的货源渠道，但是要注意选品分析，尽量选择蓝海市场产品，不要和销量本就很高的产品进行竞争。

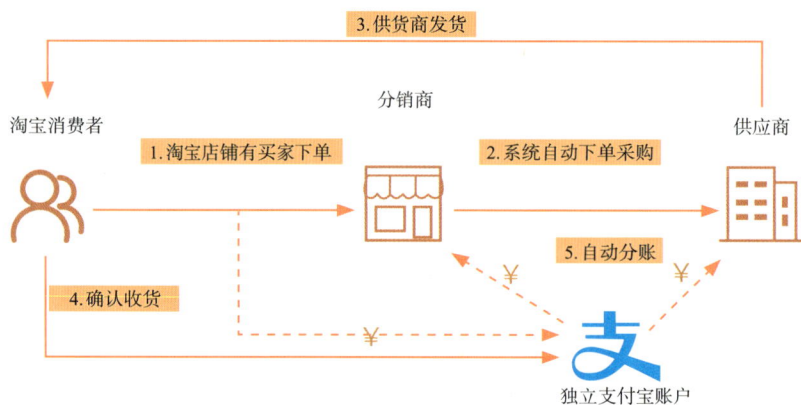

图4-2　一件代发产品交易流程

二、淘货源选品流程

一般情况下，我们会将要售卖的产品暂存在店铺仓库中，信息修改完善后再上架，淘货源网站中的产品可以通过如图4-3所示的步骤放置在店铺仓库中。

（1）进入淘货源网站首页，输入框搜索关键词或者类目查找相关产品。

（2）筛选价格、各项服务、起订量等信息，进入产品详情页面。

（3）一件代发选项下的快速铺货，选择"铺货工具—官方淘宝铺货工具—铺货"。

笔记处

图4-3　铺货流程

（4）商品信息成功发布到淘宝草稿箱，可以在"我的已铺货商品"里查看（图4-4），也可以在千牛后台"仓库中的宝贝"进行查看。

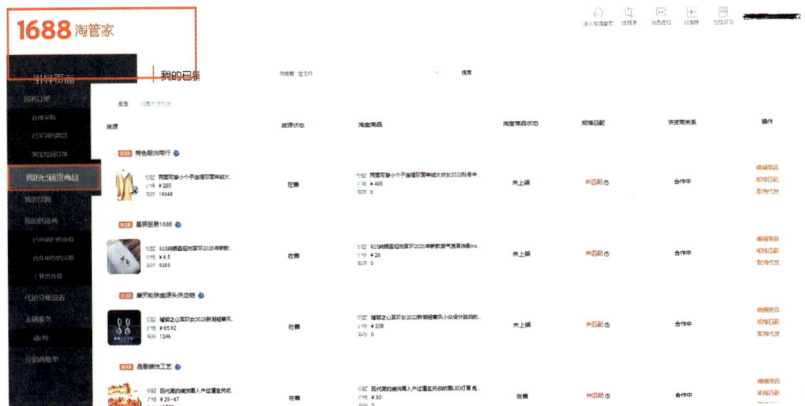

图4-4　淘管家后台商品管理

任务实训

实训内容及要求

淘货源的产品基本支持一件代发，学生在淘货源网站搜索自己店铺将要售卖的产品，筛选价格、销量、资质要求等，也可以选择蓝海产品，至少选择6款产品放入仓库，可依据销量、价格以及淘宝上销

拓展阅读

笔记处

售的同类型产品等方面进行对比（表4-3）。

表4-3　淘货源选品

产品淘货源链接	选择依据	仓库截图

💬 **任务评价**

请完成任务后填写表4-4。

表4-4　淘货源选品评价表

组别	成员	技能要求	掌握情况								
			自评			组评			师评		
			熟练	基本	没有	熟练	基本	没有	熟练	基本	没有
		条件筛选									
		上架仓库									
		发货流程									

笔记处

单元二　产品发布

当我们搜索到一款产品在详情页中查看时，我们主要关注产品的标题、价格、主图、物流信息、售后信息、商品详情等内容，这些呈现在我们眼前的各项图文资料，都是在产品后台管理中进行修改和完善的。如果店铺将货源直接铺货到仓库中，需要对各项信息进行简单完善修改后再上架，这样对产品的后续营销有很大益处。

任务一　邮费补差发布

当客户有退换货需求需要自行支付邮费时，商家一般会要求拍下店铺中的邮费补差产品，此产品属于"其他—邮费分类"，只需要设置标题、主图、价格和基本描述，没有评价入口，对于学生练习产品发布非常合适。

进入淘宝后台千牛管理中心，在商品选项中选择发布宝贝（图4-5），

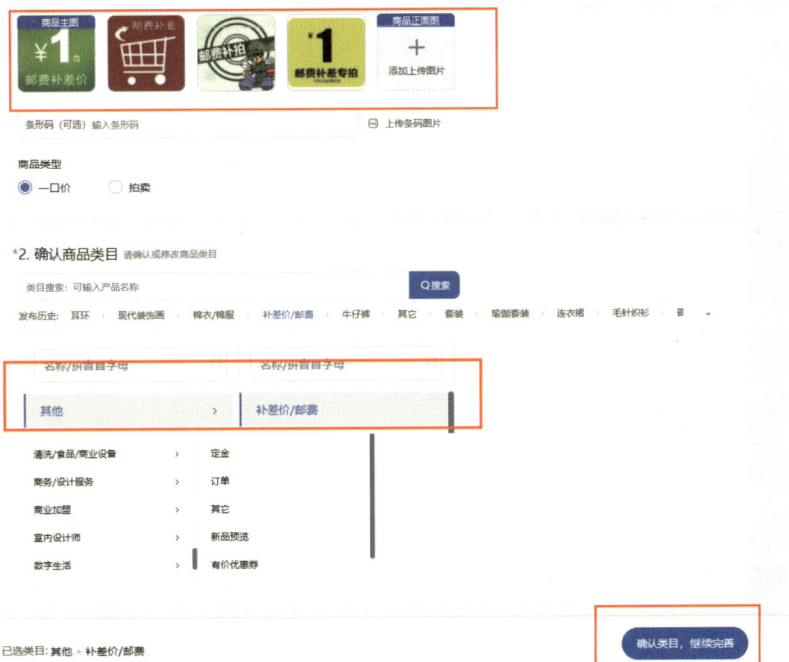

图4-5　邮费补差产品类目选择页面

完成商品主图和类目设置，邮费补差主图设置1~3张即可，类目选择"其他分类"下的"补差价/邮费"，设置完成之后确认类目。

如图4-6所示，标题设置为邮费补差，价格设置为1元，数量可以自行设置，最好100以上，物流设置为全国包邮，图文描述中选择主图中1~2张呈现即可，最后点击"立即上架"完成邮费补差产品发布，店铺呈现效果如图4-7所示。

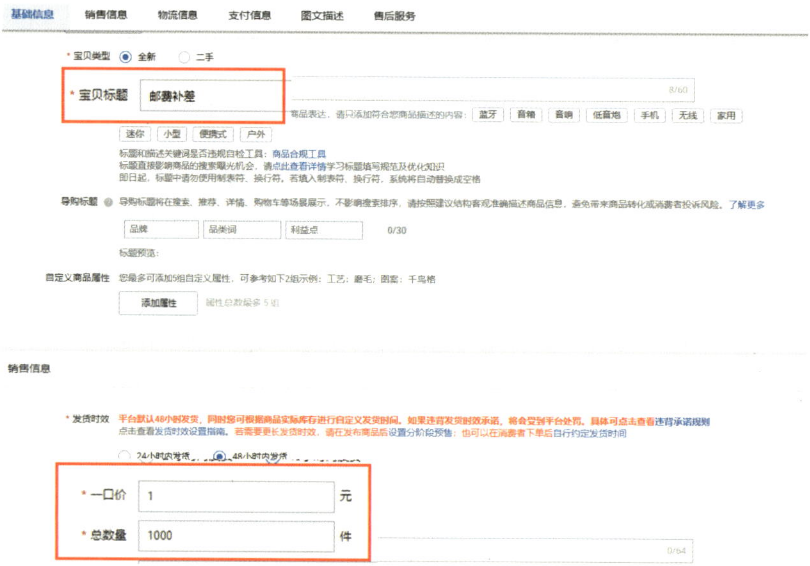

图4-6　邮费补差产品销售信息设置选择页面

图4-7　邮费补差产品展示页面

笔记处

拓展阅读

任务实训

实训内容及要求

根据淘宝店铺产品发布的流程和要求完成店铺邮费补差产品的发布，需要完成产品类目、标题、主图、价格、详情的设置（表4-5）。

表4-5 邮费补差产品发布

产品类目			
标题			
主图（1~3张）			
价格			
图文描述			
发布成功链接			

任务评价

请完成任务后填写表4-6。

表4-6 邮费补差产品发布评价表

组别	成员	技能要求	掌握情况								
			自评			组评			师评		
			熟练	基本	没有	熟练	基本	没有	熟练	基本	没有
		主图设置									
		类目选择									
		销售属性									

笔记处

任务二 实物产品发布

在给定数据包基础上进行实物产品发布还需要设置各项信息，这样才可以发布一个高质量的宝贝。

一、类目

商品类目设置与实际不符会影响产品搜索权重，严重的会导致产品下架，商品类目选择或者修改可以通过以下方法。

（一）系统智能推荐类目

在商品发布页面上传正面主图或者商品的条码图片，系统可自动识别商品进行类目智能推荐，此种方法最简单也最准确。

（二）通过卖家中心选择类目

如图4-8所示，卖家可以直接在商品发布页面的"类目搜索框"中搜索最能体现产品特征的关键词，系统会进行相近类目推荐，再结合产品实际特性，从推荐类目中选择最准确的商品类目。

图4-8　类目搜索框根据产品词推荐相关类目

（三）通过淘宝网搜索类似产品选择类目

卖家直接登录淘宝，在淘宝搜索框中搜索相同宝贝关键词，查看其所属分类，可以借助第三方插件（图4-9），在产品详情页中查看宝贝所属类目，同类产品也有可能存在类目设置错误的情况，需要查看多款类似产品进行对比汇总确定最终结果。

笔记处

图4-9　利用第三方插件查看产品所属类目

二、标题

　　标题是影响搜索流量的主要原因，一个产品的市场容量，是根据核心引流词的覆盖范围决定的，新手一个最大的误区是照搬销量高的同款产品标题，由于淘宝标题的权重是由单个关键词权重加起来组成的，标题相同但是单个关键词的权重得分不同，对于新上架的产品，单个关键词的权重得分很低，因而搜索排名是很靠后的。示例如图4-10所示，框中的产品为搜索关键词"牛仔裤女"综合排名第一，

图4-10　淘宝"牛仔裤女"产品搜索结果

复制其标题在搜索框中搜索结果如图4-11所示，和其标题相同的产品销量基本都很低，甚至大多数都为零。

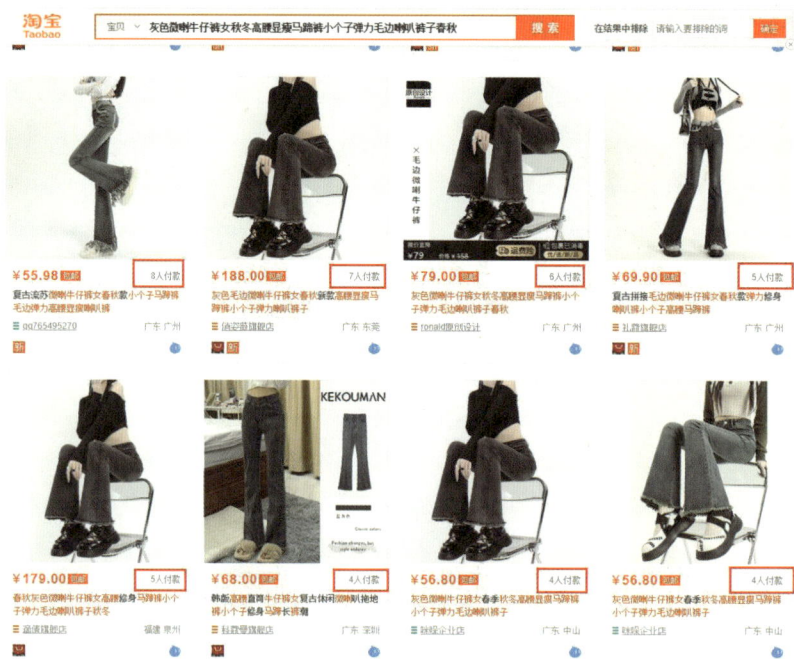

图4-11　同样或类似标题产品销量展示

标题需要满足一些基本要求：

（1）标题最多为60个字符，30个字，尽量写够30个字。

（2）标题中不要出现违规字（违反广告法的词，如最好、第一或者别的品牌词等）。

（3）标题中核心词出现的次数一般不要超过两次。

（4）标题中最好不要出现特殊符号，可以出现空格、斜杠等。

满足基本要求之后还可以对标题进行优化，提升产品展现量和点击量，例如，标题要有热搜词和蓝海词，标题中的关键词要和买家的搜索习惯、产品类目、属性相匹配。

产品上架之后不要频繁修改标题，一次修改尽量不要超过6个字，12个字符。和产品相关的成交词、核心词不要改，没流量、无成交、不精准的一些属性词可以进行替换，这些流量词和成交词可以在"生意参谋—流量来源"中看到。

笔记处

下列是关于一款四件套产品的标题，你认为哪个标题最合适，说明理由。

（1）百亿补贴甄选梦洁家纺三四件套全棉纯棉秋冬季床上用品套件。

（2）ins冬季牛奶绒床上四件套珊瑚绒四件套被套四件套法兰绒加绒四件套。

（3）销量第一加厚磨绒三四件套冬季床单被套床上用品。

三、价格

淘宝价格体系总体分为专柜价（此价格仅限在参加大型营销活动的商家使用，例如"双十一""双十二"等）、一口价（商品一口价，在发布宝贝的时候需要设置，商品一口价不能随便修改，可以设置得高一些，再利用打折软件做折扣）、优惠价（一口价经过折扣之后的价格，包含方式有限时打折、满减、优惠券等）和预售价（大型官方活动都会有预售产品，买家支付一定定金锁定商品会比正常购买有优惠，到时间后需支付尾款，如尾款未按期支付则定金归卖家所有）。

在进行产品定价时，要分析竞争对手的销量和价格，并结合自己产品成本进行定价。例如，图4-12为"小白鞋"占比最高的价格区间，可以作为我们产品大致的定价范围。

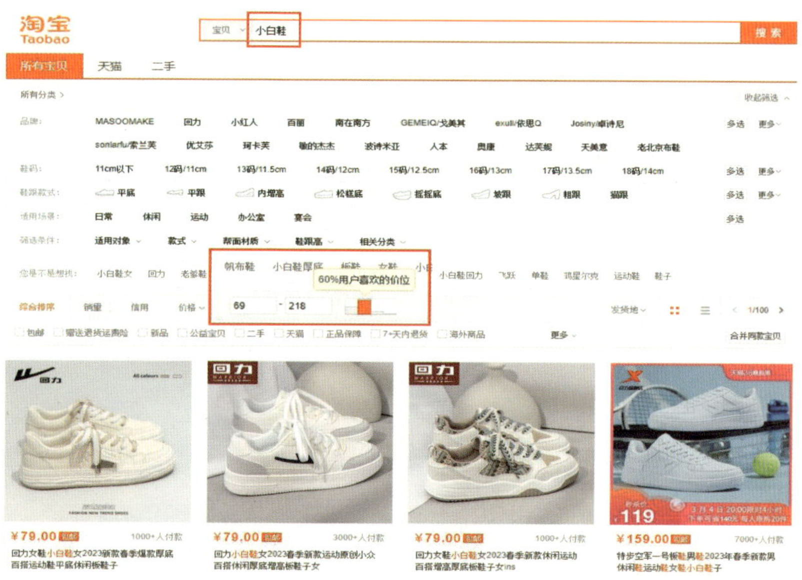

图4-12　淘宝"小白鞋"产品价格区间

笔记处

定价的方法主要有三种：

（1）成本定价法，一般设置的价格是进货价格的1.5倍或2倍。

（2）小数点定价，即产品价格后面带一个小数点，如9、6、8等数字，一方面让人觉得卖家定价很精准，另一方面好的数字有吉祥意义。

（3）分割线定价，如原来是103元的产品，可以定价在98元；原来是270元的，可以定价在268元，因为270元给人的感觉是接近300元的，而268元让人感觉在250元左右，通过数字让客户降低心理预期。

宝贝正常销售的过程中，一般不要修改一口价，可以通过优惠券的形式来增加销量，后期减小优惠券面额来涨价。

讲一讲

一件POLO衫进价20元，可以作为亲子装售卖，尝试结合定价法进行定价并说明原因。

四、主图

在进行主图设置时，一般包含主图视频和主图图片，对于有模特的产品还可以提供商品长图，主图的优劣直接决定了商品的流量和转化率。

（一）主图图片

商品上架之前一般需要上传5张主图，当所上传使用的商品主图尺寸大于700px×700px，上传以后就自动会有放大镜的功能，鼠标移动到商品主图各位置时会被放大。第一张为首图，是客户搜索产品看到的图片。图4-13为电脑和移动端搜索红枣关键词相关产品的首图呈现，首图的好坏直接影响产品的点击率，为让消费者在琳琅满目的商品中快速识别、了解自己店铺的产品，首图可以进行差异化或者场景化设计，让用户产生兴趣。首图的构图方式一般有单图、拼接图、宫格图、细节图、文案图五种，可以通过分析已有图片，选择最适合自己产品的主图构图方式。

查一查

淘宝网上查看"白衬衣女"相关产品，对其构图方式进行分析，总结此类产品主要采用的是哪种构图方式及展示形式。

笔记处

图4-13 红枣产品首图在电脑端和移动端的搜索呈现

　　第二、第三、第四张图呈现产品功能、细节、促销活动、销量、买家反馈、资质证明、品牌背书等，为提升转化率，让用户从信任到获取价值从而达到转化。

　　第五张图为系统要求白底图，上传白底图产品有机会出现在淘宝首页，并不是所有类目都有白底图，具体以发布页面为准。部分类目是强制第五张白底图。另外注意在首图设计制作时，要避免不合规范的"牛皮癣"，商品主图中除了商品主体，其他的贴图和文案都称为"牛皮癣"。为了合理表达商品卖点、促销价格、活动等的"牛皮癣"是可以出现的（图4-14），但是如果文字或者贴图占比超过了主图的三分之一或者有外部链接、内容与产品本身无关、有其他平台的宣传、模仿官方大促氛围图等都是不合规范的，会影响搜索、推荐在内各个场域的流量获取。

图4-14 符合淘宝主图"牛皮癣"规范的产品首图

查一查

　　淘宝网上查看一款销量比较高的产品，分析其五张主图是如何从吸引注意力，到让用户信任获取价值从而购买产品达到转化的目的。

笔记处

（二）主图视频

主图视频就是呈现在产品详情页第一张主图前面的视频，比例为1：1或者3：4。主图视频一般呈现产品的外观、功能、使用、模特展示等，可以动态、全面、高效地展示产品的关键卖点，促使用户下单。主图视频一般不超过一分钟，呈现1~2个产品的关键卖点即可，对于不同类型的产品主图视频要呈现不同的内容。

1.外观设计型产品

对于外观设计型产品，视频应多角度、全方位呈现产品外观，从正面、侧面、背面展现产品设计亮点和优势。

2.功能型产品

功能型产品的视频应通过真人演示、实物测评、不同品牌产品对比等方面呈现产品的功能亮点。

主图视频通过营销和互动相结合，可以生动形象、多维度、高效率地体现产品的核心卖点，提升用户的购买欲望。在制作主图视频时注意以下四点。

（1）视频不需要呈现太多商品卖点，提炼主要卖点即可，作为详情页的补充。

（2）视频要多方面地呈现商品外观、细节、功能等。

（3）在视频中可以配上字幕方面用户阅读。

（4）不要添加片头，视频开始5秒内就要抓住用户的眼球。

（三）3：4主图

商品上传了3：4主图视频后，商品详情页主图处将不展现原本"电脑端宝贝图片"的5张1：1主图，而是展示3：4商品图片，如果没有上传3：4商品图片，就会导致详情页只有一个视频而没有主图，所以主图视频为3：4的一定要上传3：4主图。

查一查

淘宝网上查看一款销量比较高的产品的主图视频，从产品类型分析此主图视频是如何吸引买家眼球的。

（四）商品长图

部分类目开放了商品长图，如男装、女装等，长图横竖比必须为

笔记处

2：3，最小长度为480px，建议使用800px×1200px。前台展示应用场景有主搜、类目搜索、女装各频道、营销活动商品图、直通车等，在招商的时候，店家不需要提供商品入口图，淘宝系统会自动采用第六张长图，让卖家报名参加大促更加方便快捷。

五、描述

"宝贝详情"指对商品的详细介绍，包括品牌、款式、尺寸等属性进行具体的选择，使用文字、图片、视频等对商品进行进一步的描述，从而让买家对商品有更全面的了解。电脑端和移动端对于宝贝详情的图文有不同的要求。

（一）电脑端要求

（1）图片宽度≤750px，图片高度未限制（不建议太长，容易导致消费者打开页面卡顿）。

（2）图片大小≤3mb，支持jpg、jpeg、png格式。

（3）文字字数≤25000字。

（4）源代码≤200000字符。

（二）手机端（移动端）要求

（1）480px≤图片宽度≤1500px（手机端图片宽度建议上传750px），0＜图片高度≤2500px。

（2）图片大小≤3mb。

（3）文字字数≤5000字。

（4）摘要≤140字。

（5）音频大小≤200k，仅支持MP3格式。

任务实训

实训内容及要求

本次实训分为个人实训和小组实训，个人实训不要求具体产品，从分销网站、结合老师发的数据包或者从本地货源渠道中获取产品数据包完成产品上传发布，注意产品类目选择、标题设定、价格制定、

笔记处

属性完善、描述发布等（表4-7）。

表4-7　个人实训—数据包产品发布

产品类目			
标题			
主图修改			
价格			
发布成功链接			

小组实训为根据某枣业有限公司主营产品若羌灰枣的基本信息来进行产品发布的各项信息设定，小组成员分工来完成产品五张主图的制作、主图视频的拍摄、详情的设计与制作（基于素材或自行拍摄），根据不同规格包装的最低限价和利润来设定价格（表4-8）。

表4-8　小组实训—若羌灰枣各项基本信息

类目			
主图			
标题			
主图视频（提交压缩文件，此处描述视频的概要）			
各项属性			
不同规格价格	一级500g	一级1000g	一级2500g
	二级500g	二级1000g	二级2500g
	三级500g	三级1000g	三级2500g
详情（提交压缩文件，此处描述详情的主要模块）			
客服主要话术	关于价格		
	关于发货		
	关于包装		
	产品口感		

个人实训要求基础知识牢固掌握、操作流程熟练无误、创新能力有所提升；小组实训任务要求满足企业需求，以企业专业评价为主要考核依据，发挥个人特长。

项目资料

某枣业有限公司若羌灰枣基本信息

作为新疆特产，灰枣一般产自新疆若羌、阿克苏、喀什等地，其中以若羌县知名度最高、品质最好。若羌县在新疆东南部的茫茫戈壁中，古称"楼兰"，是著名的"中国红枣之乡"，海拔800米，四季分明，昼夜温差高达28度，这独特的光热资源为灰枣的生长和糖分、营养的积累提供了得天独厚的自然条件。不同于其他红枣，若羌灰枣是唯一的吊干枣，比普通红枣生长周期要长一个月。成熟收获时，只需要轻摇枝干，红枣便接连落地，表皮会有一层薄薄的戈壁滩风沙，使用清水冲洗即可食用。

我们的灰枣用冰川雪水灌溉，每一颗都是大自然的馈赠，吃着健康、安心，是绿色、营养、原生态产品。

（原图片可以在网络下载，也可以小组自行拍摄。）

任务评价

请完成任务后填写表4-9。

表4-9　数据包产品发布任务评价表

组别	成员	技能要求	掌握情况								
			自评			组评			师评		
			熟练	基本	没有	熟练	基本	没有	熟练	基本	没有
		类目选择									
		标题设置									
		价格设置									
		属性填写									
		主图设置									

笔记处

任务三　淘货源产品优化发布

　　淘货源中选择好的产品需要进行标题、价格、属性、主图、描述等的优化之后才可以上架销售。千牛后台会给每个产品打一个默认的信息质量分，这是根据商品信息填写完整性、规范情况所计算出的分数，用于衡量商品信息质量高低。卖家可以先根据信息质量分的提示进行相应的修改，如图4-15所示，三款不同产品的信息质量分，点击"去优化"链接可以根据系统提示对有偏差的信息进行优化。

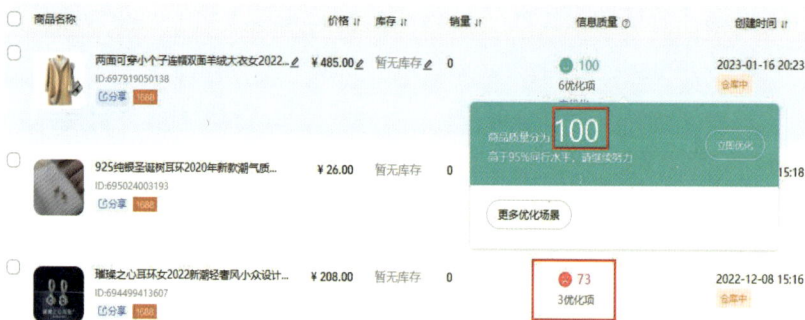

图4-15　店铺产品信息质量分

一、标题优化

　　一般情况下，淘货源选择的产品很容易在淘宝上出现同款，所以标题必须进行优化，可以根据系统提示添加相应的蓝海词，也可以自行在生意参谋或者淘宝首页搜索下拉框中找一些长尾词添加完善，保证符合标题的撰写原则。

二、价格

　　批发商都会有最低限价，卖家可以在进价的基础上结合利润进行价格的修改，还要注意有些产品不同SKU价格不同，价格尽量以6、8、9结尾，满足用户心理，新开店铺还可以参考淘宝上同款的价格，可以在其他商家价格基础上稍微低一些，以价格取胜。

笔记处

三、属性

凡是标星号的属性必须填完整，"一键铺货"可能会有部分属性不完整，可以直接和供货商联系获取相应信息，也可以到同款商品店铺中查看。

四、主图

尽量不要使用商品默认的首图作为主图，可以和之后的图片做调整，也可以将图片下载下来简单处理，或者从详情页中选择合适的图片进行简单处理，没有白底图的一定要上传，可以使用在线抠图，方便快捷，没有主图视频的产品也可以不进行完善。

五、描述

可先对电脑端描述进行简单修改，删除一些无用的宣传介绍文字、更改图片顺序或者对图片进行二次加工等，完成之后在手机端描述中导入电脑端描述，如果出现图片尺寸不符合要求的情况，需要利用PS进行修改。

六、其他

库存扣减方式有买家拍下减库存和买家付款减库存两种方式，如果是产品库存充足，我们可以选择买家付款减库存，防止竞争对手恶意拍下产品不付款而把产品库存全部拍完下架。如果是产品库存不足，尽量选择买家拍下减库存。

上架时间分为立刻上架、定时上架、放入库存，各项信息都修改完成可以立刻上架。

任务实训

拓展阅读

实训内容及要求

笔记处

将任务二中完成的淘货源选品进行优化上架，课堂上至少完成两款，其余款课下完成，优化过程中注意各项属性信息的完善，可以结合系统的提示进行优化，再结合老师的讲解进行细节优化，还有疑问可以咨询淘货源供货商（表4–10）。

表4–10　淘货源产品优化发布

产品1链接	
产品2链接	
优化过程中遇见的主要问题及解决办法	

💬 任务评价

请完成任务后填写表4–11。

表4–11　淘货源产品优化发布任务评价表

组别	成员	技能要求	掌握情况								
			自评			组评			师评		
			熟练	基本	没有	熟练	基本	没有	熟练	基本	没有
		标题优化									
		价格设置									
		属性完善									
		主图优化									
		描述改进									
		其他设置									

笔记处

📋 任务四　店铺订单管理

店铺经营一段时间后就会有订单，对于新手卖家，需要先进行订单判断，可以直接与买家通过旺旺联系，核实买家身份，确认买家地址和购物意向，再决定发货。

订单状态主要有等待买家付款、等待发货、发货即将超时、已过发货时间、已发货、退款中、需要评价、成功的订单、关闭的订单。

一、等待买家付款

买家拍下店铺商品并未支付款项，卖家可以通过千牛与买家直接沟通，进行催付，通过询问买家未支付原因，给出对应解决方案，促使买家付款购买。

二、等待发货

后台将需要发货的订单根据产品发货时间进行细分，卖家应尽可能在承诺的发货时间内完成发货，对于超过发货时间仍未发货的订单需要及时向买家解释，避免售后纠纷。淘货源上架的产品可以直接进入淘管家页面采购商品，如图4-16所示完成发货。自行上架的产品

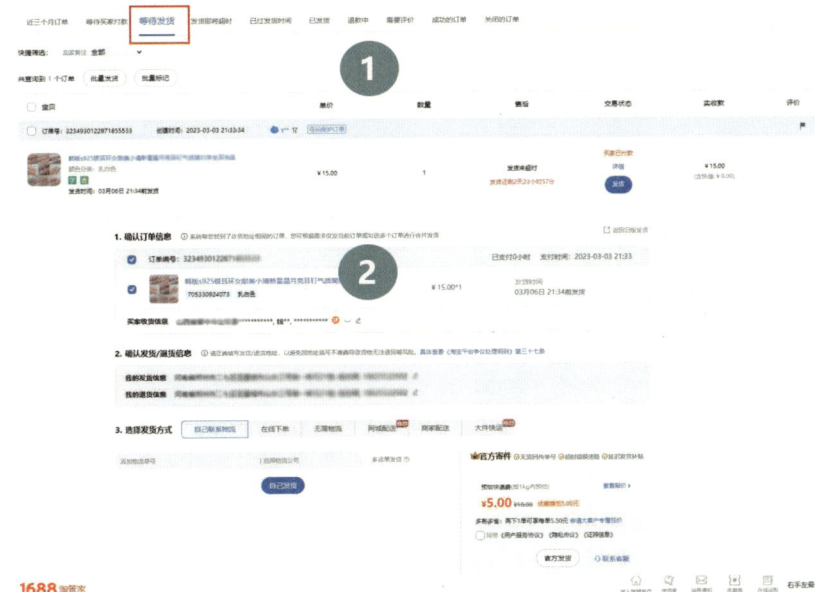

图4-16

笔记处

图4-16　产品发货流程

根据产品类别可以选择输入物流单号或者无须物流。

三、需要评价

买家确认收货之后的订单双方可以进行评价，订单的好评率直接影响店铺的等级，一个好评增加一分，中评不加分，差评扣一分。如图4-17所示，积分250分以内用红心表示，251~10000分用蓝色钻石表示，10001~50万分用蓝色皇冠表示，50万分以上的等级用金色皇冠表示。对于需要评价的订单，卖家可以通过聊天软件及时与买家沟通，询问买家购物体验，做好售后工作。

1	1-10	♥	11	10001-20000	👑
2	11-40	♥♥	12	20001-50000	👑👑
3	41-90	♥♥♥	13	50001-100000	👑👑👑
4	91-150	♥♥♥♥	14	100001-200000	👑👑👑👑
5	151-250	♥♥♥♥♥	15	200001-500000	👑👑👑👑👑
6	251-500	♦	16	500001-1000000	👑
7	501-1000	♦♦	17	1000001-2000000	👑👑
8	1001-2000	♦♦♦	18	2000001-5000000	👑👑👑
9	2001-5000	♦♦♦♦	19	5000001-10000000	👑👑👑👑
10	5001-10000	♦♦♦♦♦	20	10000001以上	👑👑👑👑👑

图4-17　店铺产信誉等级

📢 任务实训

拓展阅读

💬 实训内容及要求

个人实训，两人一小组，互相拍下对方店铺中的邮费补差产品（邮费补差为其他类目，没有评价入口，也不影响店铺权重，学生可以进行订单管理练习），完成产品催付、发货、评价等流程（表4-12）。

笔记处

表4-12　订单管理

订单状态	截图	注意事项
买家已拍下		
买家已付款		
发货		
买家确认收货		
订单完成		

💬 **任务评价**

请完成任务后填写表4–13。

表4-13　订单管理任务评价表

组别	成员	技能要求	掌握情况								
			自评			组评			师评		
			熟练	基本	没有	熟练	基本	没有	熟练	基本	没有
		基本操作									
		基本话术									

笔记处

学生自评表

编号	实训任务	技能要求	掌握情况		
			熟练	基本	没有
1	依据产品类目选择货源渠道	熟悉不同货源渠道的优缺点			
2	淘货源选品	掌握淘货源选品的流程			
3	发布一款虚拟产品	掌握其他分类产品的发布要点			
4	发布一款有数据包的产品	能够结合给定素材发布产品			
5	淘货源选品优化上架	掌握产品上架前的优化要点			
6	若羌灰枣产品发布	掌握产品各项信息的设置要点			

小组评价表（组长）

成员	各个实训任务技能得分						素养得分				
	1	2	3	4	5	6	自主学习	团队协作	创新意识	遵守规则	劳模精神
备注											

小组名称：＿＿＿＿＿＿　　组长：＿＿＿＿＿＿

笔记处

💬 教师评价表

编号	实训任务	技能要求	掌握情况		
			A	B	C
1	依据产品类目选择货源渠道	熟悉不同货源渠道的优缺点			
2	淘货源选品	掌握淘货源选品的流程			
3	发布一款虚拟产品	掌握其他分类产品的发布要点			
4	发布一款有数据包的产品	能够结合给定素材发布产品			
5	淘货源选品优化上架	掌握产品上架前的优化要点			
6	若羌灰枣产品发布	掌握产品各项信息的设置要点			

编号	素养要求点	具体要求	学生情况		
			A	B	C
1	自主学习	能够借助网络资源解决难题			
2	团队协作	能够和成员协商完成任务，配合默契			
3	创新意识	主图详情设计有创意			
4	遵守规则	在平台要求下完成产品发布			
5	劳模精神	完成任务，精益求精			

笔记处

一、单选题

1.（　　）致力于打造淘宝卖家专属的货源服务平台。

A.拼多多 　　　　　　　　　　B.淘抢购

C.淘拍 　　　　　　　　　　　D.淘货源

2.下列哪个一级类目不属于家装家饰？（　　）

A.住宅家具 　　　　　　　　　B.家装主材

C.五金/工具 　　　　　　　　 D.居家日用/收纳/礼品

3.淘宝商品标题最多为（　　）个字符。

A. 40 　　　　　　　　　　　 B. 50

C. 60 　　　　　　　　　　　 D. 80

4.下列哪个标题违反了广告法？（　　）

A.日本纯棉纯色短袖T恤男女打底衫白色T恤大码纯黑长袖男士半袖T恤

B.销量最高四件套纯棉全棉加厚磨毛秋冬保暖三件套床单被套床上用品

C.回力女鞋运动鞋行货新款秋冬加绒潮ins老爹鞋女休闲百搭阿甘鞋子

D.丁威特行车记录仪4K超高清正品新款倒车影像一体机360度全景器

5.进价为100元的衣服，经计算各种成本，商家至少要有90元的利润，定价（　　）元最好。

A. 180 　　　　　　　　　　 B. 210

C. 200 　　　　　　　　　　 D. 199

二、多选题

1.下列关于产业代工厂分类正确的是（　　）。

A.杭州女装 　　　　　　　　　B.扬州毛绒玩具

C.郑州卫浴 　　　　　　　　　D.深圳3C数码

2.一般情况下淘宝价格体系总体分为（　　）。

笔记处

A.专柜价 　　　 B.一口价 　　　 C.优惠价 　　　 D.预售价

3.关于主图视频的制作要点正确的是（　　）。

A.视频要尽可能地呈现多个产品卖点，不限时长

B.视频要多方面地呈现商品外观、细节、功能等

C.在视频中可以配上字幕文字，方便用户阅读

D.不要添加片头，开始5秒就要抓住用户的眼球

4.淘宝店铺信誉等级主要有（　　）。

A.心级 　　　　 B.钻级 　　　　 C.蓝冠 　　　　 D.金冠

三、判断题

1.在淘宝网上只可以销售实物产品，不能销售虚拟产品。（　　）

2.2022年天猫"双十一"品类销量排行最高的是家用电器。（　　）

3.淘货源一件代发的产品铺货之后先存到店铺的仓库中。（　　）

4.宝贝主图尺寸大于800px×800px，就自动会有放大镜的功能。（　　）

5.主图模仿官方大促氛围图是不合规范的，会影响搜索量获取。（　　）

6.产品有销量之后就不要再频繁修改标题。（　　）

7.男士运动鞋要放在流行男鞋类目下。（　　）

8.血压计要放到医疗器械类目下。（　　）

9.买家给予差评，卖家的信誉等级会被扣除一分。（　　）

10.淘宝店铺最高级别为皇冠。（　　）

四、简答题

1.简述淘货源产品上架之前如何进行简单优化。

2.简述淘宝产品价格设置的技巧。

3.简述产品描述电脑端和移动端的规格要求。

笔记处

【看】心系"枸杞"返乡创业，带领乡亲共同致富

在网络上搜索《青年说》中陈晓燕的案例，解读青年返乡创业，带领乡村致富故事。同时分享你熟悉的大学生返乡电商创业故事。

【论】14亿国人罕见发声，"支持国货"燃爆整个中国

很多人认为爱国就是要坚决不买外国的东西，而有些人则认为既然我们一直在推崇全球化，就应该贸易互通，不应该完全抵制，对此你有什么看法？

【播】服务三农，助力乡村振兴

准备一款你家乡的农副产品，可以以小组为单位，进行一场模拟的电商直播，介绍你的家乡。

拓展提升

案例1　无货源店铺真能躺赢吗

2022年3月，即将大学毕业的王震在网上看到了一则关于"无货源电商"的广告："躺着赚钱，日入400元，无囤货，零风险！"文中还插入了一位"宝妈"一年赚15万元的截图。王震心动了，支付1元后进入了某"无货源电商"微信群。随后发生的事用王震自己的话说是体验了一把被"割韭菜"的感觉。

王震回忆，刚进微信群，一位杨老师就加了他的微信，向他介绍起来："'无货源电商'就是指购物平台开店者无须自己囤货、无须拍照美工、无须人脉就可经营的盈利模式。"杨老师解释，该模式的优点在于让成本降到最低，店主只需从大平台上筛选、采集当下最热卖的爆款商品，经过软件自动处理后，适当加价即可上架。有买家下单再找到相同产品拍单，由有货店铺直接发货给买家。"什么好卖卖什

笔记处

么，没有库存限制，赚的就是差价。"

王震最初心里有些犹豫：这不就是"搬砖"嘛，没有任何价格优势。他把疑问向杨老师说明后，对方回答说，该模式最突出的是技术优势，价格不是影响销量的主要原因，最重要的是运营。杨老师随即给王震发了几张培训营学员月入万元以上的聊天记录。在杨老师的"洗脑"下，王震花费3699元报名了其中最便宜的A培训套餐。此外，还有9199元和26999元的B、C培训套餐。杨老师保证"缴费一次，后面不再收取任何费用"。

报名后，杨老师开始指导王震开设店铺、选货发单。同时给他发了很多教学视频，但王震发现这些大多是网上开店的流程，不花钱看介绍就会。杨老师一周后又让他安装一款刷单软件，并建议花钱购买流量或者找人代运营。王震指出之前说过一次交费，不再收费。杨老师回答："那是培训费用，不是一个项目。"一个月后，没有花钱找人代运营的王震发现店铺几乎无人问津。此时，王震意识到自己可能受骗，提出退费要求，但对方以已经为其开店和上课为由，拒绝退费。

不少人有过此类王震的遭遇，他们大多数是在家的"宝妈"和一些无固定职业的人，希望利用这个机会轻松"躺赢"。其实"无货源电商"不是近年来才兴起的模式，早在2010年左右，随着第一代电商平台在电脑端的发展，该模式就已经存在。当时利用平台刚发展起来的技术漏洞和规则，确实可以获得一定利润。2015年之后，各大平台相继设立"千人千面"规则，2019年又出台规定，严厉打击重复铺货模式，发现不同店铺之间相似度极高的货物，保留信誉度最高的一家，防止低质的无货源模式无限扩张。

随着手机端拼购、短视频平台日渐火热，"无货源电商"模式再度翻红。某短视频公司电商业务线的负责人表示："这种模式的实质是开空壳小店，店铺货源本就是从别处搬运，品质无法保证且没有售后服务，还容易引发纠纷，会严重

笔记处

影响平台信誉，因此必须打击。"而对于"无货源电商"培训，他认为这就是一种骗局："最简单的逻辑，如果'无货源电商'如此赚钱，谁会往外说呢？"

思考题

在网络上寻找电商货源时，你能做到理性思考，提高防骗警惕吗？

案例2　小众类目也有大市场

"产品为王"，电商的首要工作就是选品，店铺没有销量，多是因为选品有问题。大部分新手卖家往往选品很随便，选品前不分析产品的竞争激烈程度、畅销程度以及对资金的要求程度，一上来就选了一个操作难度特别大而且竞争非常激烈的类目，后期的运营就会非常痛苦且煎熬，甚至会对电商失去信心。

大部分人开始做电商都会选择一些生活中较为常见的鞋子、衣服、包之类的产品，这些类目属于红海领域，如果产品没有特色，是很难有竞争力的。因此选品的时候不能总盯着那些大众的、流行的类目，也可以关注一些被忽略的小众类目，即便没有庞大的客户基数，但如果能服务好这一小部分客户群，同样会有很不错的收益。

"80后"小伙邹超在开网店时就选择了一个相对小众的类目——农资，这一类目的产品量大竞争小，而且产品的复购率很强，一般用完都会反复购买，忠诚度很高，邹超的淘宝店三年的时间共卖出5000多万元的产品。并且拜耳公司、巴斯夫公司、美国杜邦公司、广东诺普信公司等农资巨头的产品都授权在他的淘宝店铺售卖。

随着返乡创业政策推进、土地新政的影响，中国种植大户越来越多，同时这群人拥有一定辨识能力、技术基础，还具有一定的互联网思维。当邹超发现种植大户的痛点和需求之后，觉得线上销售农资是未来的一个机会，同时以"小作物"葡萄作为突破口，快速实现"全品类"产品配置，从而满足种植大户的真正需求。

邹超把种植大户当作自己的核心用户，因为这群用户不用太多的科普与教育，他们需要的是优质优价的产品服务。他对种植大户的需求非常了解，知道他们想要更丰富的产品且方便购买。于是，邹超采用全品类思维丰富自己农资产品，他的店铺里杀菌剂、杀虫剂、叶面肥、植物生长调节剂、除草剂等产品应有尽有，用丰富的品类满足了种植大户的需求。

在之后的店铺运营中，邹超开展全品类农资销售，采购更多的农资产品，从而满足种植大户对农资的一站式需求。除了借助互联网卖农资外，他还借助线上营销、直播等新工具帮助农资企业扩大知名度，帮助种植大户解决农技难题。

邹超选对了方向，不跟风选品，而是把握机会选择了一个小众赛道，并认真研究用户的需求，解决他们的痛点问题，提供超值的服务，在这样一个小众类目中开辟了很大的市场。

💬 思考题 ✈

你的淘宝店铺在选品的时候，有没有考虑一些小众类目？

笔记处

案例3　优化宝贝反被降权是怎么回事

陈兰是一家淘宝店的店主，最近她对自己店铺内的宝贝进行优化后，发现流量各方面并没有显著提升，甚至还被降权了，通过多维度诊断，她发现了以下几个问题。

第一，标题中有权重的关键词被拆解。陈兰的店铺是卖连衣裙的，她的某个关键词"中长款连衣裙"，这个排序每天基本能给店铺带来30个访客，她不是很满意，就把它改成了"中长款韩版连衣裙"。改完后这个词组就变成以"韩版连衣裙"为主导核心词了，之前中长款连衣裙的权重不复存在，连之前那30个访客都没了。因此，当优化关键词的时候，不要去拆解已经有权重的关键词，而是可以在它的尾端或者前端添加词组，这样就不会浪费它之前积累的权重。

第二，把原来的商品修改为另一种商品。陈兰店铺中有一款商品叫作"法式少女毛呢连衣裙"，该商品卖完之后，她直接在后台将这个商品修改为"小香风背心连衣裙"，这样就属于商品的直接更换。虽然都是连衣裙，但是不同的裙子，就属于不同的商品，要分开发布，不能直接在一款商品上进行更换。因此，卖完的商品要及时下架，不能再去改变成另外的商品。

第三，频繁优化宝贝。为了更好地优化店铺中上架的宝贝，陈兰一天之内对店铺中的一款产品修改了四个地方，由于短时间内频繁修改，淘宝系统判断她在偷换宝贝，从而对店铺进行降权。优化宝贝的时候，频率不能太高，因为每一次修改，淘宝系统都要重新收录，然后就会影响店铺的权重，因此，优化时一天最多修改2个地方（全店各项）。

第四，SKU增加过多。陈兰店铺中的某款连衣裙有三个SKU，为了优化宝贝，她将SKU增加到十个，但由于另外七个都没有产出，被淘宝平台判定为作弊行为。因此在优化SKU的时候，一般是30%以内的增加，增加后要有相应的销售额，不然SKU会影响整个单品的权重。

笔记处

通过诊断，陈兰厘清了优化宝贝后反而被降权的原因，她也总结了几个宝贝优化时需要遵循的原则：修改频率不要过快，修改幅度不要过大，改动后要保持数据。

思考题

你在优化自己店铺中的宝贝时，是否触及这几个雷区？

笔记处

05

模块五

美丽电商

小文的家乡河南信阳盛产茶叶，她家有一座茶厂，专门销售自家山上种植的毛尖。在大学读电子商务专业的小文回家跟父母建议开一家网店，利用网络渠道拓宽自家茶叶的销路，通过在校学习的专业课，小文很顺利地把网店开好了。接下来就是网店的装修，她先在网络上浏览分析了很多同行的店铺，发现很多都是大红大绿、优惠信息堆砌的无风格装修。通过课堂学习，她了解线上视觉的竞争效应要远远超过线下的店铺，唯有惊艳四方，才能抓人眼球，而审美是视觉的基础，美好的画面，能给人带来愉悦的感官体验。于是她请专业的摄影师到山上去拍摄唯美、充满意境的图片，并基于品牌文化对店铺进行风格设计。经过小文精心装修过的网店，同样的产品仿佛高了几个档次，而且意境满满，让人忍不住在页面上多停留几秒，就这样小文通过店铺设计、装修走出了一条差异化道路。

请思考：你会因为喜欢一家店铺的装修而购买它的产品吗？

教学目标

知识目标

1.了解店铺装修的意义。

2.熟悉店铺首页模块和排版方式。

3.了解不同类目产品对应不同的装修风格和色调。

4.掌握手机端店铺首页一键智能装修的方法和技巧。

5.掌握手机端店铺首页自定义装修的方法和技巧。

6.掌握电脑端店铺首页模板装修。

7.掌握电脑端店铺首页自定义装修。

技能目标

1.能够根据不同类目完成店铺模块规划。

2.能够根据店铺类目选择合适的模板。

3.能够依据不同产品结合工具制作各种宣传图。

4.能够利用系统模块完成店铺移动端装修。

5.能够借助第三方网站完成店铺电脑端装修。

笔记处

💬 **素质目标**

1.能够树立创新创业意识。

2.能够和团队成员协作，完成本职工作。

3.能够具体问题具体分析。

4.能够根据收集的资料进行归纳总结。

💬 **思政目标**

1.感知美、发现美、创造美、升华美。

2.注重版权意识，提高版权素养。

💬 **知识导览**

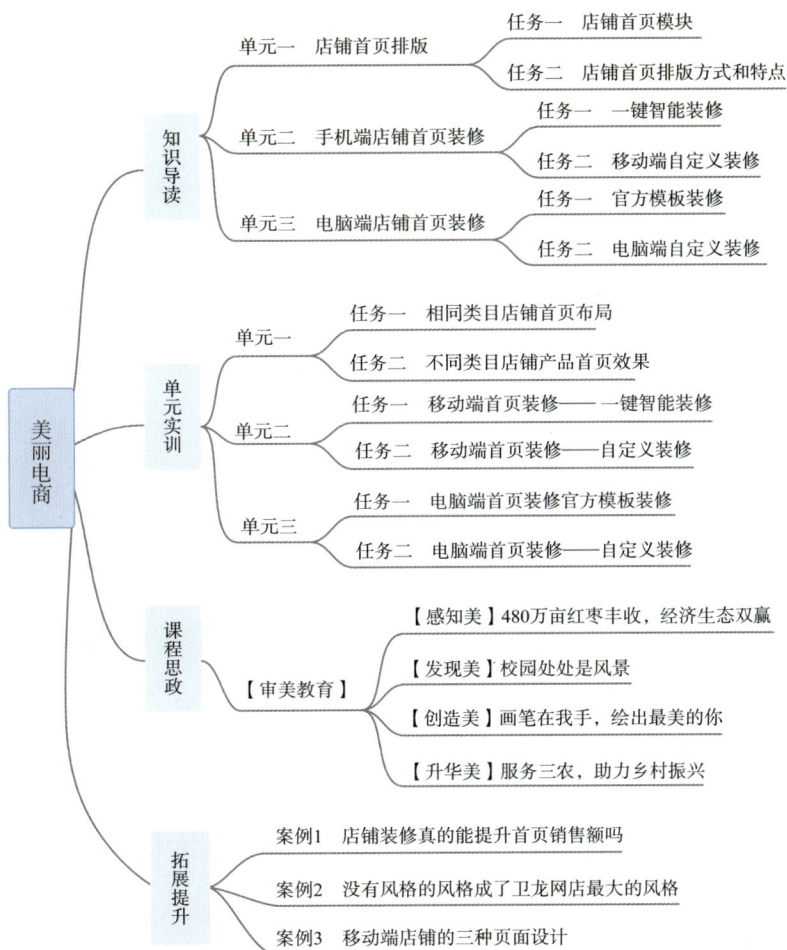

单元一　店铺首页排版

任务一　店铺首页模块

一、店铺首页的重要性

新开店铺一般都是系统默认的装修样式，没有特定的模块和风格，而店铺的首页是影响店铺流量的一个关键因素，对店铺进行装修美化能够给买家提供更便捷的服务，简单快速地找到自己所需的产品，同时可以降低跳失率，提高转化率，增加访问深度，提高消费者的购买意向。

类似于线下实体店铺，淘宝店铺同样需要将店铺产品、服务、优惠以多种形式呈现在用户面前，详情页局限于单个产品，也可以通过关联营销链接至其他产品。作为店铺流量的聚合页，首页承担流量分发重要功能，不同模块起到不同的作用。

二、店铺首页的主要模块

（一）店招

在电脑端店铺首页中，关键第一屏为店招、导航和海报。类似于实体店的招牌，一个吸引人的招牌能激起用户继续浏览的热情，对于线上店铺来说店招必不可少，同时它决定了店铺的整体风格和色调。根据呈现内容不同，店招可以分为文案型店招、产品型店招和促销型店招。

文案型店招一般显示店铺名称、宣传语、经营理念等。产品型店招呈现店铺的热销或者主推商品。促销型店招以呈现优惠券或者套餐为主，也可以三者组合显示。

（二）导航

在店招下方会有一个店铺的导航条，将店铺的"首页""所有宝贝""热销爆款""会员活动"等重要页面信息罗列出来，方便消费者

笔记处

直接触达。

（三）全屏海报

全屏海报区域是整个首页中最重要的位置，也是视觉冲击力最强的模块，一般需要把品牌的风格海报、店铺热销爆款、店铺最近优惠活动等重要信息在此模块进行展示，从而起到最好的效果。

（四）优惠券

店铺最终目的是刺激消费者购买，所以基本上都会设置一些"限时限量"的优惠券，刺激消费者立即下单购买。优惠券要营造出紧迫感和稀缺的效果，在金额的设计上，也尽量做到满减优惠，这样可以起到拼单多买的效果，进一步提升客单价。

（五）宝贝分类

宝贝分类基本上是每个网店装修必备的模块，并且都会尽可能地多处展现，让消费者知道店铺不止销售一件产品，还销售很多其他产品或其他配套产品，从而不断增加消费者在店铺的访问深度和停留时间。

（六）热卖推荐

网店和实体店铺最大的不同是进入店铺的路径是相反的。客户在线下逛实体店时，会先被门店招牌吸引进入店铺后看到销售的宝贝，而客户在网上逛淘宝时，会先搜索产品关键词，被商品主图吸引后才进入商品详情页，在想要了解店铺更多商品后才会点击进入店铺首页，所以店铺首页的热卖推荐等关联营销模块显得至关重要。

（七）底部通栏

客户浏览完店铺的商品推荐及店铺活动，在决定购买前，往往会比较关注发货时间及发货快递等信息，所以在底部通栏模块，往往会做一些售后的说明承诺。同时，为了不让客户流失，店铺往往会添加"联系我们"及关联导航模块。

经营淘宝店铺最重要的就是做好"人货场"，而一个店铺的首页就是最重要的营销场景载体，每一个模块都需要经过精心地设计才能实现好的数据反馈，并根据数据反馈进行后续的升级优化。

笔记处

实训内容及要求

个人实训，在网上收集至少三个和自己主营类目相同或类似的店铺，分析其电脑端首页的模块布局（移动端首页模块布局课下分析），并进行汇总（表5-1）。

表5-1　相同类目店铺首页布局

类目			
参考店铺	店铺1	店铺2	店铺3
店铺名称			
主要模块			
汇总			

任务评价

请完成任务后填写表5-2。

表5-2　相同类目店铺首页布局分析评价表

组别	成员	技能要求	掌握情况								
			自评			组评			师评		
			熟练	基本	没有	熟练	基本	没有	熟练	基本	没有
		店铺查找									
		模块分析									
		模块汇总									

笔记处

任务二　店铺首页排版方式和特点

店铺首页根据产品的不同，可以设计为不同的风格，一般有国潮/中国风、氛围感、潮流时尚、质感、清新、简约、科技、可爱/卡通等风格。例如，被称为国潮或中国风的设计风格，在呈现效果上主要采用了书法、中国结、秦砖汉瓦、玉雕、文房四宝等中国风元素的整体设计，一般用于活动页面设计或国风类品牌，如百雀羚等，母婴童装类产品经常会使用可爱卡通的设计风格。

一、店铺的排版方式

店铺首页有多种排版方式，一般分为楼层型、S型、Z型和自由型。如图5-1所示，楼层型为设计师常用的排版方式，模块复用度比较高，而S型和Z型则需要创建一定的场景，对设计师要求比较高。

图5-1　店铺首页四种排版方式

（一）楼层型

楼层型指除了首屏的店招导航和全屏轮播海报模块外，商品展示图区域按照模块依次向下排列，并且模块与模块之间并不形成视觉上的连贯性。此类排版方式简单，容易设计，但是由于没有视觉上的连贯性，有时不能很好地吸引消费者注意力。

笔记处

（二）S型

S型指除了首屏的店招导航和全屏轮播海报模块外，商品展示图区域按照"S"曲线向下排列，模块与模块之间由曲线或者曲线型元素连接起来，从而形成视觉上的连贯性。这种类型可以很好地营造场景感，引导买家持续浏览首页，也可以体现品牌风格。

（三）Z型

Z型与S型类似，但相比S型更硬朗，适用于3C数码、汽车用品、家用电器、男士护肤品等店铺。在制作的时候，一般通过不同的背景色划分模块，产品和模特一般要抠图处理。

（四）自由型

自由型指商品展示图区域摆放比较自由，商品图的大小也不是一致的，这种首页比较适合服装类目，尤其是以年轻消费者为主的女装及男装类目。这种设计版面简洁大方，容易体现出品牌格调及定位。

二、不同色调的店铺首页

不同颜色给人以不同感觉，例如，提到蓝色第一反应天空的颜色，给人自由、辽阔、高大的感觉，所以蓝色调一般会用在户外、美妆等产品首页上。在进行店铺装修设计时，整体色调的选取非常重要，它是接下来进行各项设计的基础，也是店铺给用户留下的第一印象。

（一）红色

红色代表正义、阳光，会给人温暖的感觉，给人强烈的视觉冲击，大促活动一般使用红色调来进行页面设计。对于食品类目也经常使用红色调，在感官和形象上刺激用户达到营销目的。

（二）黄色

黄色具有明亮、透光的特点，会给顾客营造一种温馨童话的感觉，适合年轻化的目标人群，一般应用于儿童服饰、女性服装、玩具等类目。

（三）绿色

绿色代表着大自然的颜色，给人一种超脱尘世、贴近大自然的感觉，同时可以体现环保理念，营造干净整洁的形象氛围，提升顾客的

笔记处

信赖度，一般用于水果生鲜、绿色食品、家居饰品、户外等，也可以用于夏季的服饰，给人以清凉感。

（四）蓝色

蓝色除了可以给人带来清凉、辽阔的感觉，还能让人产生信赖感，一些大牌美妆店铺经常会使用蓝色来进行首页设计，夏季活动主题也可以使用蓝色来设计。因其具有粗涩意味，蓝色一般不用于食品类产品设计。

（五）紫色

紫色是神秘、华丽的代名词，可以用于促销活动设计，也可以用于高档服饰、配饰、化妆品等类目的设计，传达出高贵典雅、别具一格的意味。

（六）褐色

褐色可以传达一种重量感和安定感，常用在木质家具、装修用品、皮质箱包等类目，由于褐色可以表现一些高档、自然风尚，也常用于服装类设计的点缀。

（七）黑色

高价位的产品、电子产品通常会使用黑色进行页面配色。黑色给人凝重、干练的感觉，突出商品的特色，在男士服装、洗化用品经常使用。

在页面设计中还可以加入企业文化来加深用户对品牌和产品的感知，讲一段创业故事、呈现线下实体店铺、一些真实有参考价值的买家秀都可以为首页设计加分。

任务实训

实训内容及要求

小组实训，每个小组负责一种类目，收集整理此类目下不同店铺电脑端和移动端首页效果图，并从风格、整体色调、排版方式、亮点等方面进行分析，每个小组至少找出六个店铺进行分析，小组代表以PPT形式讲解（表5-3）。

笔记处

表5-3 不同类目店铺产品首页效果

类目			
	客户端	电脑端	移动端
（　　）店铺	风格		
	主色调		
	排版方式		
	亮点		

🗨 任务评价

请完成任务后填写表5-4。

表5-4 不同类目店铺首页分析评价表

组别	成员	技能要求	掌握情况								
			自评			组评			师评		
			熟练	基本	没有	熟练	基本	没有	熟练	基本	没有
		资料整理									
		数据分析									
		归纳分享									

笔记处

单元二　手机端店铺首页装修

手机端店铺装修主要指首页的装修，活动页面、大促页面和自定义页面等与首页类似，如图5-2所示，默认的手机端店铺首页一般仅包含店铺信息模块和产品列表模块，对于店铺的风格、特色、优惠促销、活动信息等均没有呈现，对首页进行装修可以根据需求定制相应模块，美化整体风格，吸引消费者眼球，增加信任度，进而促使消费者下单。

图5-2　淘宝默认手机店铺首页样式

✅ 任务一　一键智能装修

手机端店铺首页装修可以借助淘宝鹿班工具一键智能装修，如图5-3所示，工具通过智能分析店铺中的高销量商品、新品和商品特征，从系统模板中匹配出最符合店铺产品风格的模板，再从行业、用途、色彩、风格中进行筛选，选择免费或者付费的模板使用。图5-3为选择服饰行业、通用用途、橙色色调、复古国潮风格系统自动生成的部分首页效果，选择最合适的模板就可以应用到自己的店铺首页中。

智能模板创建完成后进入淘宝旺铺页面装修的后台，可以结合店铺需求对模块进行简单的增删和修改。

笔记处

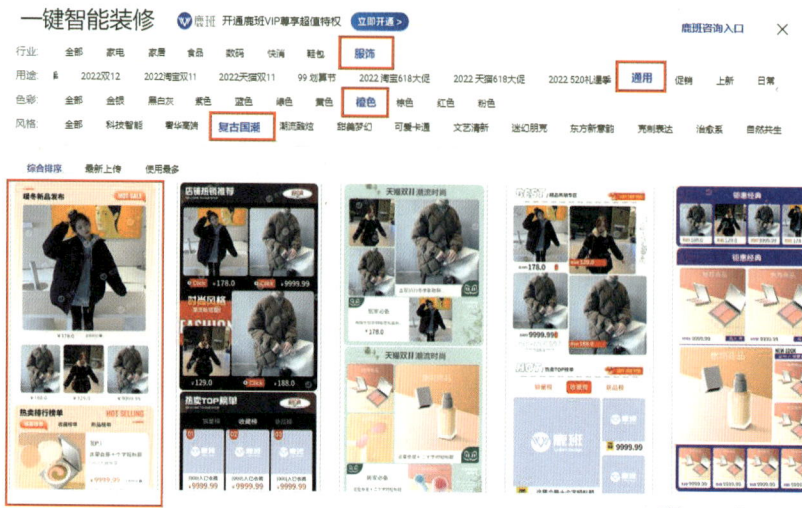

图5-3　淘宝手机端店铺首页鹿班一键智能装修样式

任务实训

拓展阅读

实训内容及要求

　　个人实训，选择正确的行业、用途、色彩、风格，利用鹿班一键智能装修完成个人店铺首页装修，利用免费模板，生成之后对需要完善的地方做简单修改，要求至少选择三种不同的搭配，对比不同组合呈现的效果分析其优缺点，为下一步自定义装修打下基础（表5-5）。

表5-5　一键智能装修

搭配	行业	用途	色彩	风格	主要修改完善的地方	首页效果
A						
B						
C						
总结						

笔记处

任务评价

请完成任务后填写表5-6。

表5-6　一键智能装修任务评价表

组别	成员	技能要求	掌握情况								
			自评			组评			师评		
			熟练	基本	没有	熟练	基本	没有	熟练	基本	没有
		操作									
		效果									
		分析									

笔记处

✅ 任务二　移动端自定义装修

　　一般情况下手机店铺首页需要包含店铺信息、产品海报、优惠券、分类、产品列表等功能模块，可以在经营的过程中再逐步优化。一键智能装修具有快捷方便的特点，但是有些模板需要付费，也有模板的模块太多，修改麻烦的弊端，卖家也可以在系统默认首页的基础上进行自定义装修。

　　进入千牛卖家后台，在"店铺–店铺装修–手机店铺装修–推荐（首页）–系统默认首页"中点击"装修页面"，进入旺铺页面装修编辑器，页面装修主要由容器列表、装修预览、模块编辑和展现规则设置四大功能组成（图5-4）。

图5-4　旺铺页面装修编辑器功能区

　　在容器列表中选择店铺需要展示的模块，系统支持的模块也可以在"店铺–店铺装修–装修管理–模块库"中查看，共有图文类、宝贝类、视频类、营销互动类、LiveCard五种分类模块，每个模块下方显示该模块在首页中最多出现的次数和当前已有的次数。

一、图文类——店铺热搜

　　此模块一般显示在店铺信息模块下方，是首页第一屏，呈现店铺的一些主搜关键词，这些词来源于店铺分类或者店铺宝贝名称，关键词由系统根据算法自动展现，无须编辑。样式可以采用系统默认的，也可以采用鹿班第三方的免费样式，如果搜索词不足三个，则该模块

笔记处

二、图文类——单图海报

单图海报和轮播图海报设置类似，均可以在智能展现设置中进行流量分配的设置，采用智能分配模式，模块将由算法优选展现，即结合商品的浏览、收藏、加购、成交各项数据来确定。海报图片可以自己制作也可以选择智能作图，新开店铺建议选择智能作图，选择好要呈现的商品图片就可以自动生成海报模板，模板中的文字、颜色、图片位置均可以进行修改（图5-5）。

图5-5　智能作图海报元素修改

三、宝贝类——系列主图宝贝

系列主图宝贝和鹿班智能货架以及图文中的多热区切图类似，均可以一个模块展示多个商品并可以正常跳转至商品详情。这一模块可以按照商品分类或者营销活动来显示相应的商品，在模块编辑区中设置标题和副标题。例如，针对初春的活动产品展示，标题可以设置为"春季特惠"，副标题可以设置为"新春惠满300减30"，需要制作宽度1200px，高度252px的标题背景图，建议浅色调为主，能更好地显示文字。商品可以自行选择添加，也可以通过系统自动展现。

笔记处

四、营销互动类——店铺优惠券

在添加店铺优惠券模块之前需要在店铺后台营销工作台中完成店铺或者产品优惠券的设置，这样才能在添加优惠券时选择店铺优惠券进行显示（图5-6）。优惠券的样式可以采用官方默认样式，也可以选择鹿班样式。

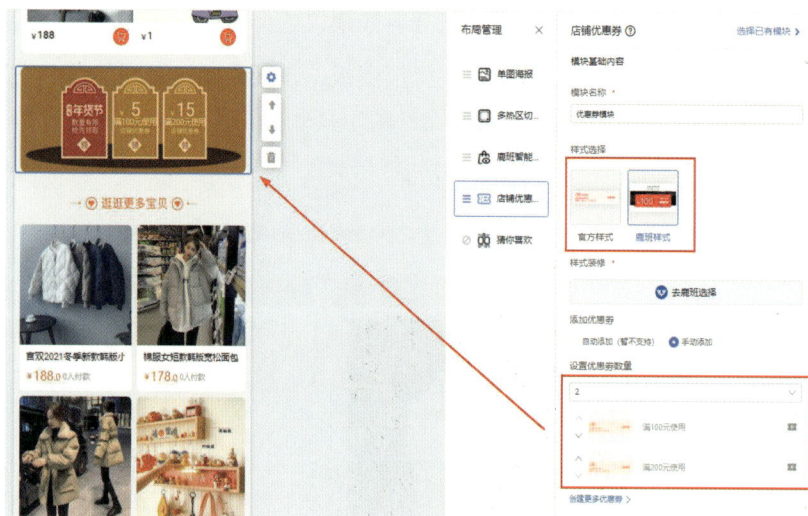

图5-6　营销互动模块店铺优惠券设置

其余模块的设置要求基本类似，卖家可以结合店铺主营类目和具体产品选择需要展示的模块和模块的主要色调，达到整体页面的统一和谐。

讲一讲

小组成员打开同一家店铺的移动端首页，观察每个人看到的首页模块是否一样？如果不同的话有哪些不同？在此基础上理解店铺装修的"千人千面"。

任务实训

实训内容及要求

本次任务分为个人实训和小组实训。个人实训以自己店铺为基础，店铺至少上传六款产品，参考和自己店铺主营类目类似的移动端首页效果，对首页进行模块划分，完成移动端首页自定义装修，平台中提交店铺首页链接，实训文档中记录操作关键点（表5-7）。小组实训任务为根据某枣业有限公司企业店铺主营产品、企业文化、服务理念等为其设计规划移动端首页，分小组进行汇报，可以出设计草图（表5-8）。

个人实训要求基础知识牢固掌握，操作流程熟练无误，创新能力有所提升。小组实训任务要求满足企业需求，以企业专业评价为主要考核依据，团队协作完成，发挥个人特长。

表5-7　自定义移动端首页装修——个人任务

页面主要模块				店铺首页最终效果
序号	模块名称	设置细节	遇到的问题及解决办法	
模块一				
模块二				
模块三				
模块四				
模块五				

表5-8　自定义移动端首页装修——小组任务

任务概述				店铺首页最终效果（草图）
组别	组员	分工	遇到的问题及解决办法	

笔记处

任务评价

请完成任务后填写表5-9。

表5-9 移动端首页装修任务评价表

组别	成员	技能要求	掌握情况								
			自评			组评			师评		
			熟练	基本	没有	熟练	基本	没有	熟练	基本	没有
		热搜									
		单图海报									
		系类主图									
		优惠促销									
		整体									
		其他									
		小组实践									

笔记处

单元三　电脑端店铺首页装修

　　虽然淘宝店铺的主要流量源于移动端，但电脑端的装修还是很有必要的，电脑端的装修可以很好地和移动端同步，也能更好呈现店铺的风格和定位。

任务一　官方模板装修

　　淘宝店铺开设成功之后默认的为旺铺智能版，支持以下功能：

（1）页头背景、页面背景设置。

（2）页尾自定义装修。

（3）通栏布局。

（4）免费预置三套官方系统模板。

（5）装修分析，装修效果数据可实时查看。

（6）模块管理，可订购添加第三方模块。

　　卖家可以从三套官方系统模板中任选一套，且每套模板支持多种配色方案，永久免费试用。选定之后可以进入装修后台，如图5-7所示，最左侧为模块和配色区，可以根据店铺定位和风格选择合适的配色，也可以通过拖拽的方式向右侧装修区域增加需要的模块。

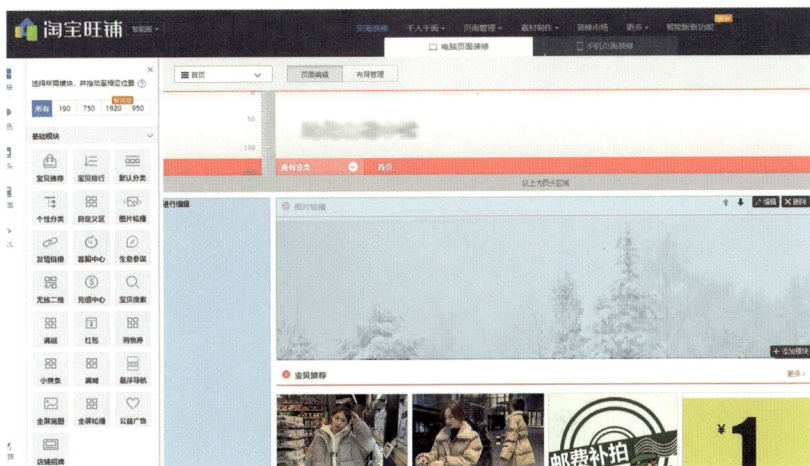

图5-7　淘宝旺铺智能版官方模板首页装修后台

笔记处

系统默认会呈现比较多的空白模块，即没有内容的模块，卖家可以点击"编辑"按钮在内容设置中根据尺寸要求添加相应的图片和链接，在显示设置中控制模块的高度和显示效果，此区域的宽度为950px，也可以点击"删除"按钮删除相应模块。

官方模板效果比较单调，如果需要更完整地呈现店铺的商品信息，又不想自行作图装修，可以在淘宝装修市场购买模板。

任务实训

实训内容及要求

个人实训，使用官方模板，结合店铺主营产品和类目选择合适的模板和配色，删除多余空白模块，完善产品展示、轮播、宝贝推荐等模块（表5-10）。

表5-10　电脑端首页装修官方模板装修

页面主要设置			店铺首页最终效果
产品类目			
整体配色			
主要模块	全屏海报		

任务评价

请完成任务后填写表5-11。

表5-11　电脑端首页模板装修任务评价表

组别	成员	技能要求	掌握情况								
			自评			组评			师评		
			熟练	基本	没有	熟练	基本	没有	熟练	基本	没有
		配色选择									
		模块信息填充完善									

笔记处

任务二　电脑端自定义装修

卖家可以在官方模板基础上进行自定义装修，达到和装修市场购买模板同样或者类似的效果，自定义装修需要借助于第三方网站做图，一定要遵守网站要求，在不侵权的基础上使用。在进行装修之前，先要进行页面模块的布局，在淘宝旺铺后台切换到"布局管理"选项，根据规划添加或者删除模块，完成页面最终布局，卖家可根据店铺需求随时增删（图5-8）。一般情况下首页包含店招、导航、海报、产品展示、促销、客服、页尾等模块，将店铺核心业务、主营产品、特定优惠、特色服务呈现在用户面前。

图5-8　首页模块布局

一、店招和导航

店招分为普通店招和全屏店招，淘宝普通店招的尺寸为宽度950px，高度120px，通栏店招的尺寸为宽度1920px，高度120px，导航高度为30px。店招一般要显示店铺名称、LOGO、店铺文化、促销信息、主推产品等，可以自行设计店招，也可以在一些第三方网站如有用模板网、老Y在线制作、图怪兽、90设计网等完成店招的制作，一般的店招为950px×120px的背景图和页头背景色平铺组合实现的通栏店招效果。

（一）背景为纯色的全屏店招制作

制作一个背景为纯色的全屏店招步骤如下所示：

笔记处

（1）制作一张950px×120px的背景图，背景图的主色尽量为纯色，便于背景色的平铺。

（2）利用PS制作一个宽度30px，高度150px的图片，上方120px高度的颜色为背景图的主色，利用取色器取出，下方30px颜色要和导航颜色一致，即配色中的颜色。

（3）将背景图上传至图片空间。

（4）在店招模块点击"编辑"，修改店铺名称为"不显示"，背景图选择第三步中上传的图片。

（5）左侧页头选项卡中更换页头背景图为第二步制作的图片，选择"横向平铺–居中对齐–应用到所有页面"。

（6）预览查看效果如图5-9所示。

图5-9　店招完成之后效果展示

（二）自定义导航样式设置

导航作为从首页链接到其他页面的入口，对于提升店铺页面访问深度具有重要作用。一般情况下，导航中可以呈现店铺主要分类、热销宝贝、自定义页面等，店铺导航区最多可设置十二项一级内容，但超过页面尺寸宽度部分将不展现，建议不超过七项。点击导航模块的"编辑"选项可以在设置中添加显示到导航上的内容，可以是宝贝分类、页面或者自定义链接（图5-10），也可以在显示设置中通过css代码控制导航部分的颜色和样式，此效果一般借助第三方网站，如老A开网店、码工在线等，根据所需的颜色和字体修改完成之后将生成的代码复制粘贴到导航显示设置区域保存即可（图5-11）。

二、全屏海报

全屏海报一般显示在店招导航下方，在装修模块中选择"全屏

笔记处

图 5-10　导航设置

图 5-11　自定义导航样式 css 代码在线生成

宽图"或者"全屏海报",其宽度为1920px,高度一般不超过540px,不支持gif格式图片,呈现店铺的主推产品、促销活动、店铺文化等,以强烈的视觉冲击影响客户,增加访问深度。目前很多作图网站均支持全屏海报在线制作,用户只需要修改产品图和促销文字就可以制作一张效果很好的海报,对于PS基础较弱的用户非常友好。以90设计网为例,访问90设计网在线作图装修工具中的全屏海报,选择符合自己店铺定位的海报模板后进入设计页面,可以替换图片、设置促销标签、线条形状、文字大小样式等(图5-12)。

　　全屏海报设计完成之后,将图片上传至图片空间,在对应的全屏宽图或全屏海报模块点击"编辑"按钮,进入图片地址和链接地址设置窗口,图片地址可以直接从图片空间中选择,链接地址可以从"自定义页面""分类"或者"具体宝贝"三项中选择,完成后保存可查看效果(图5-13)。

笔记处

图5-12　在线制作横版或竖版海报

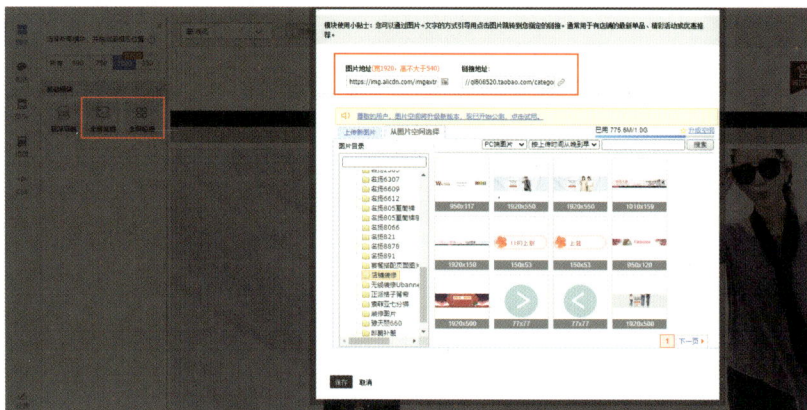

图5-13　海报设置

三、产品展示

系统提供了多种样式的商品展示模块，主要以产品轮播、列表、排行榜等形式呈现，卖家可以选择需要的模块，在"编辑"中进行商品设置和显示设置，商品设置可以选择要显示的商品和筛选要求，显示设置可以更改标题显示方式、标题名称、显示数量和排序规则。

（一）基于第三方网站的产品展示模块制作

在第三方网站制作展示模块的步骤如下所示：

（1）在支持淘宝店铺免费装修的网站上选择合适模板，如有用模板网。

（2）根据要求上传图片，填入标题、价格和其他需要设置的选项（图5-14）。

（3）在装修模块中选择自定义区模块拖拽到合适位置。

笔记处

图5-14　产品列表模块展示效果及代码生成

（4）自定义区模块编辑区域切换到"代码"选项，将生成的代码粘贴到代码区域。

（5）保存就可以生成目标产品列表效果。

（二）自定义产品展示模块制作

卖家也可以制作符合尺寸要求的产品展示图，利用Dreamweaver切图或者第三方网站来实现同样功能（图5-15）。

笔记处

图 5-15　产品列表切图及代码生成

四、优惠券页尾模块

优惠券、页尾模块均可以采取自定义区模块实现，自行制作或借助第三方制作效果图，步骤和产品展示类似，优惠券需要在后台添加完成之后获取相应链接。自定义区模块的代码也可以借助HTML编辑器实现，页尾效果可以用代码实现，在Dreamweaver中实现效果，将代码粘贴到自定义区模块代码模式下即可（图5-16）。

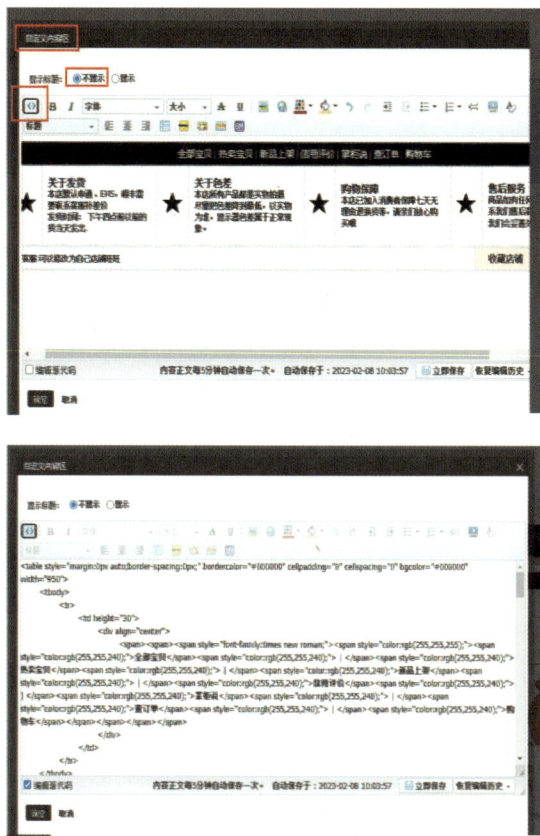

图 5-16　页尾模块

笔记处

五、悬浮导航

悬浮导航位于首页最左侧固定显示，不会随页面而滚动，可以将店铺促销产品、主营产品、优惠券、热门分类等呈现在上面，悬浮导航的图片要制作成透明背景才有更好的呈现效果（图5-17）。

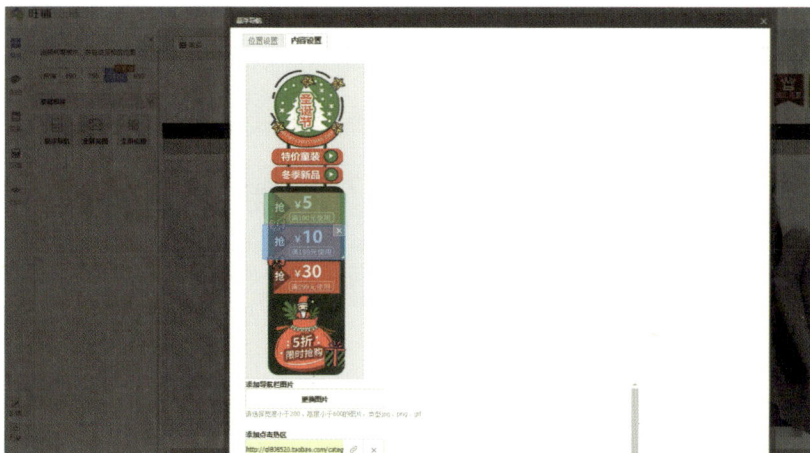

图5-17　悬浮导航

悬浮导航的设置步骤如下：

（1）在模块中找到悬浮导航，将其拖拽到编辑区域，也可以通过1920px尺寸快速筛选。

（2）将制作好的悬浮导航图片上传至图片空间。

（3）点击"编辑"进入悬浮导航的"位置设置"和"内容设置"。

（4）通过自定义上下位置和距内容区的距离来完成位置设置。

（5）在"内容设置"中选择"上传图片"，选中"悬浮导航"，添加热点和对应的链接。

（6）保存预览首页查看效果。

💬 **任务实训**

拓展阅读

💬 **实训内容及要求**

本次任务分为个人实训和小组实训。个人实训以自己店铺为基础，上传至少六款产品，参考和自己店铺主营类目类似的电脑端首页效果，对首页进行模块划分，结合店铺产品定位、风格完成电脑端首

笔记处

页自定义装修，在平台中提交店铺首页链接，实训文档中记录操作关键点（表5-12）。小组实训任务为根据某枣业有限公司企业店铺主营产品、企业文化、服务理念等为其设计规划电脑端首页，分小组进行汇报，可以出设计草图（表5-13）。

个人实训要求基础知识牢固掌握、操作流程熟练无误、创新能力有所提升。小组实训任务要求满足企业需求，以企业专业评价为主要考核依据、团队协作完成，发挥个人特长。

表5-12　电脑端首页装修——个人任务

页面主要模块				店铺首页最终效果
序号	模块名称	设置细节	遇到的问题及解决办法	
模块一	店招导航			
模块二	全屏海报			
模块三	产品展示			
模块四	优惠券			
模块五	页尾			
模块六	悬浮导航			

表5-13　电脑端首页装修——小组任务

任务概述				店铺首页最终效果（草图）
组别	组员	分工	遇到的问题及解决办法	

笔记处

任务评价

请完成任务后填写表5–14。

表5-14　电脑端首页装修任务评价表

组别	成员	技能要求	掌握情况								
			自评			组评			师评		
			熟练	基本	没有	熟练	基本	没有	熟练	基本	没有
		店招									
		导航									
		全屏海报									
		产品展示									
		自定义模块									
		悬浮导航									
		小组实践									

💬 学生自评表

编号	实训任务	技能要求	掌握情况		
			熟练	基本	没有
1	小组分享不同类目店铺首页效果	熟悉不同类型店铺装修要点			
2	店铺首页布局	能够进行首页模块布局			
3	移动端首页一键智能装修	掌握一键智能装修的技巧			
4	移动端首页自定义装修	掌握移动端各个模块设置方法			
5	电脑端首页自定义装修	完成店招海报自定义等区设置			
6	红枣店铺电脑移动端装修方案	掌握店铺装修要点			

💬 小组评价表（组长）

成员	各个实训任务技能得分					素养得分				
	1	2	3	4	5	自主学习	总结归纳	艺术美感	版权意识	尊重关爱
备注										

小组名称：_____   组长：_____

笔记处

教师评价表

编号	实训任务	技能要求	掌握情况		
			A	B	C
1	小组分享不同类目店铺首页效果	熟悉不同类型店铺装修要点			
2	店铺首页布局	能够进行首页模块布局			
3	移动端首页一键智能装修	掌握一键智能装修的技巧			
4	移动端首页自定义装修	掌握移动端各个模块设置方法			
5	电脑端首页自定义装修	完成店招海报自定义等区域设置			
6	红枣店铺电脑移动端装修方案	掌握店铺装修			

编号	素养要求点	具体要求	学生情况		
			A	B	C
1	自主学习	能够借助网络资源解决难题			
2	总结归纳	能够对资料归纳汇总汇报			
3	艺术美感	感知美丽事物设计美丽首页			
4	版权意识	实践中不侵权也要保护自己权益			
5	尊重关爱	同学之间互敬互爱互帮互助			

笔记处

一、单选题

1.淘宝电脑端店铺首页通栏店招的宽度为（　　）px。

A. 950　　　　　　　　　　　　　B. 1920

C. 1024　　　　　　　　　　　　　D. 1240

2.淘宝电脑端店铺首页导航的高度为（　　）px。

A. 50　　　　　　　　　　　　　　B. 40

C. 30　　　　　　　　　　　　　　D. 20

3.移动端首页店铺热搜模块如果搜索词少于（　　）个，则此模块不显示。

A. 5　　　　　　　　　　　　　　　B. 4

C. 3　　　　　　　　　　　　　　　D. 2

二、多选题

1.下列哪些模块可以呈现在电脑端首页？（　　）

A.店招　　　　　　　　　　　　　B.产品分类

C.鹿班展柜　　　　　　　　　　　D.全屏海报

2.移动端页面装修有哪些功能区组成？（　　）

A.容器列表　　　　　　　　　　　B.装修预览

C.模块编辑　　　　　　　　　　　D.展现规则设置

三、判断题

1.淘宝网目前流量主要源于手机端，因而电脑端不用装修。（　　）

2.店铺首页导航内容都是固定的，无法进行修改。（　　）

3.导航上的内容只能呈现店铺分类。（　　）

4.可以在店招上显示店铺优惠券，促使用户点击下单。（　　）

笔记处

四、简答题

1.对于店铺而言有哪些类型的全屏海报？

2.简述电脑端和移动端首页在展现内容方面的区别。

3.电脑端首页装修主要有哪些模块？

4.移动端首页装修主要呈现哪些模块？

课程思政【审美教育】

【感知美】480万亩红枣丰收，经济生态双赢

网络上查询红枣品牌在新疆基地的实景视频，感受美丽中国。

【发现美】校园处处是风景

以小组为单位，成员全部出镜，以校园风景为背景，拍摄小组宣传素材，发现校园美景。

【创造美】画笔在我手，绘出最美的你

以小组为单位，利用小组宣传素材，制作小组人物海报，可以充分发挥小组成员特长，手绘合成都可以，分享海报，讲出小组故事。

【升华美】服务三农，助力乡村振兴

小组为单位，帮助家乡农产品开设店铺，装修页面，学以致用。

拓展提升

案例1　店铺装修真的能提升首页销售额吗

一个有规划且独具风格的店铺首页会给买家留下良好的第一印象，好的第一印象会让买家对店铺形成信任感，而这正是触发成交的关键。因此，店铺主页抓住用户眼球是至关重要的。

郑方在拼多多平台上经营着一家女装店铺，店铺装修非常简单，他认为店铺装修并不能带来直接的收益，没必要花很多精力在店铺装修上，直到他发现有些店铺靠着装修，将成交金额提升了15%～30%，才开始重视自己的店铺装修。

首先，他结合平台属性，把店铺首页的头部海报图加上了突出促销信息的文案，通过推广测试他发现，文案用"低至39元"比用"打6折"达到的点击和转化数据要好。其次，为了让买家更好地了解品牌，提升买家进店的品牌意识，他在导航栏中增加了品牌简介，突出品牌价值与形象，多方面强化买家对店铺的认知。然后他把店铺中的爆款、新款以及热销款放到首页进行主推，同时观察爆款区商品的流量与转化数据，并进行及时调整。再次，为了方便不同客群的买家快速找到适合自己的货品，他在首页做了商品价格分类，如"1～59元专区""60～89元专区""90～129元专区"和"130元以上专区"，同时按照商品类别进行分类，如"外套专区""连衣裙专区""裤装专区"和"内搭专区"，利用好首页最大程度地曝光商品。最后，他参考营销日历，根据每个节日的特点对店铺首页进行氛围和风格的调整，不同的节日配上相对应的营销文案，营造活动氛围，刺激买家的购物欲。

通过以上几个方面的改进，郑方发现他的店铺首页焕然一新，令人欣喜的是店铺销售额也有所提升，他这才体会到店铺装修的益处。只有独具匠心的网店装修才能打动顾客，增加网店销售力。装修好的网店传递的不仅是商品信息，还能体现店主的经营理念、文化等，这些都会给网店形象加分，同时有利于网店品牌的形成，达到提高转化、提升店铺客单价的目的。

思考题

你的店铺首页装修了吗？能体现出独特的店铺风格吗？

笔记处

案例2　没有风格的风格成了卫龙网店最大的风格

卫龙网店以店铺设计出名，店铺装修的"脑洞"很大，"苹果风""杂志风""霸业风""二次元漫画""东北大袄""科技风""躺平风"，各种风格都能手到擒来。

但这种没有风格的风格，反而成了卫龙最大的风格。每次更新的店铺设计，都让人眼前一亮，有足够的话题性，让消费者自发进行转发。

2016年9月7日，卫龙抢在苹果发布iPhone 7的前一天，将天猫旗舰店的风格改成了"苹果风"。同时推出"辣条7"，起名Hotstrip 7.0，配上"改变食界，条条是道"的文案，从产品包装和宣传文案上成功博得大众眼球。这既巩固了卫龙的品牌形象，也带动了产品销量的上涨。

卫龙网店装修不走寻常路线，没有固定的风格，每到大促销的时候就会换一种风格，而店铺更像是展现内容的一个渠道，以店铺页面为发起点，再配合店铺做的一些营销活动，达到品牌的进一步曝光。

思考题

卫龙网店的哪种装修风格最能吸引你眼球？

案例3　移动端店铺的三种页面设计

随着移动互联网的飞速发展，网络消费者越来越习惯于使用移动设备购物，因此各大电商平台也将营销的重心放在移动端上。移动端店铺想要获取用户的注意，先要做好店铺的装修，对于不同类型的商家，店铺设计的页面也有所

笔记处

不同。

一、头部商家：聚流型布局

　　头部商家是处于金字塔顶部的商家。头部商家拥有较大的流量，平台给予它们的支持和保障力度也比较高。这种类型的商家在设计页面时通常会采用聚流型设计，将自己的优势资源集中起来打造店铺爆款，扩大品牌的影响力。它们通常会把流量集中到某款产品上，例如当季的新品、重点品等，以便打造出店铺的爆款或者主推款。同时会按需分流，将店铺热销品牌的相关推荐进行展示。在设计此类页面时，需要将爆款产品的宣传海报放在重点位置，营造出热销的气氛，使其成为首推产品。在爆品的宣传页面下，可以加入一些其他商品的宣传，但是要控制数量，不能喧宾夺主。

二、腰部商家：分流型布局

　　腰部商家是处于金字塔中部的商家。腰部商家通常已经有了一定的品牌知名度和店铺流量，但是它们仍处于起步阶段，产品品类较为单一，与头部商家相比，竞争能力一般。因此，它们会避其锋芒，减少用于宣传的资源，将流量均匀地散发给店铺中的各类商品，尽量确保销售均衡，不至于出现某类商品卖断货、其他商品无人问津的情况。在设计页面时，通常会选择分流型设计。此类店铺的页面布局重点在于通过明确的分类，引导消费者进入购物场景。这样设计的优点是强化购物场景，唤醒消费者的购买欲望。在设计页面时，店家需要将主推的商品放在右侧，以便符合大多数消费者的手机操作习惯。

笔记处

三、尾部商家：发散型布局

尾部商家是处于金字塔底部的商家，通常可以称为新手型商家，它们的经验不足，店铺流量较小，产品也不多，没有很强的竞争力。此类商家在设计页面时，通常会采取发散型布局，将为数不多的产品通通拿出来，给消费者营造一种品类丰富的感觉。这种类型的布局在操作上较为简单，同时很符合移动端的界面特点。

思考题

你属于哪种类型的商家，你的移动端店铺采用的是哪种布局方式？

笔记处